당신이 꿈꾸는 기적을 현실로 만들어주는
비즈니스커뮤니케이션 스킬

그 자리에 있을만한 사람답게
입고 말하고 행동하라

매너
스피치로
세상 속에
당당한 나

당신이 꿈꾸는 기적을 현실로 만들어주는
비즈니스커뮤니케이션 스킬

그 자리에 있을만한 사람답게 입고 말하고 행동하라

매너
스피치로
세상 속에
당당한 나

김 미 림

신아출판사

| PROLOGUE |

"당신을 빛나게 하는 보랏빛 품격이야기"

    나는 물감이랑 색종이를 가지고 노는 것을 무척 좋아한다. 지금도 손에서 물감이나 색종이를 놓지 않고 살아간다. 메모를 남길 때도 색종이를 사용하며, 책을 읽을 때도 색연필로 줄을 그으며 읽어야 제대로 읽은 느낌이 들고, 그림을 그릴때도 캔버스에 물감을 양껏 풀어서 마음이 원하는 그림을 그리며, 손톱위에도 형형 색색의 메니큐어들로 꽃그림을 그린다. 색깔은 가장 단순하지만 강력한 커뮤니케이션의 도구이다. 하여 나는 강의의 제목에도 색깔을 입힌다.

    파랑은 상대에게 신뢰감을 주고 주황은 상대의 마음을 열어주는 심리적 효과가 있다고 하니 비즈니스커뮤니케이션은 파랑색과 주황색으로. 이미지메이킹은 제각각의 컬러가 어울려져 만들어지는 무지개로 ,매너는 왕족의 품격을 나타내주는 보라색으로, 스피치는 배울수록 표현력이 좋아지니 무한히 진해질 수 있는 초록색, 패션스타일은 언제 어디서나 독보적으로 돋보여지게하는 빨강, 누구와도 소통이 가능한 스킬을 익히는 커뮤니케이션 스킬은 희망과 함께 소소한 기쁨을 주는 노랑색으로 색칠을 한다.

    오랫동안 준비했다.

    남편을 따라 아프리카에 가면서도 이번에는 시집 말고 그동안 강의했던 이야기를 글로 써봐야지. 한국에 돌아와서도 그동안의 해외여행 경험을 글로 써봐야지. 캔버스에 그림을 그리는 일에 폭 빠져들면서도 매너강사로의 살아왔던 경험속에서 얻어낸 지혜와, 비즈니스를 성공시킬 수 있는 커뮤니케이션 스킬들을 정리해서 책으로 내야지. 그렇게 서문만 써놓기를, 그렇게 몇 개의 본문만 정리하기를 수년 째 지나다보니, 스스로 생각해도 웃음이 나올 지경이었는데, 코로나 19로 넉넉해진 일상의 시간을 선물처럼 활용해서 내용들을 간추리게 되었다

비지니스 커뮤니케이션은 빵 굽는 과정 같은 것이다. 재료준비, 반죽, 숙성, 굽기등 모든 단계에 최적의 레시피를 적용하는 방법을 배우고, 수없이 반복해서 실습하고, 자기만의 레시피로 승화하여 맛있는 좋은 빵을 만들어 낼 수 있듯이, 비지니스 커뮤니케이션은 언어적, 비 언어적 커뮤니케이션의 수단들을 상황에 따라 어떻게 활용 할 수 있을 것인가 하는 방법을 배우고, 실습을 통해서 체화하여, 언제 어디서나 목표로 하는 결과를 가장 잘 얻을 수 있도록 해준다.

이 책에서는 20여년 넘게 수많은 강의와 컨설팅에서 다루어 온 자기 성장을 도와주는 비즈니스커뮤니케이션 스킬들을 다루고 있다.

이 스킬들이 새로운 것이든 이미 알고 있는 것이든, 조직내에서 성장과 성공적인 변화를 꿈꾸는 사람이라면, 혹은 가족들간의 화목을 소망하는 사람이라면, 이 책속의 많은 이야기들 중 무엇이든 3가지만 자신의 것으로 만들기를 조심스럽게 권해본다.

이 책이 나오기까지 매너 교육을 하는 강사로 살아 갈 수 있는 유전자와 가르침을 주신 나의 부모님께 감사드리며 지금까지 나의 강의나 수업을 들으셨던 한분 한분께 무한한 고마움을 전하고 싶다.

2022년 봄

아름다운 세상을 꿈꾸며 시를 쓰고 그림 그리는 매너 강사 김 미 림

| 차례 |

PROLOGUE
　　당신을 빛나게 하는 보랏빛 품격이야기 - 4

1부 미라클 이미지메이킹

　　1. 무지개는 당신 안에 있다 - 10
　　　나는 어떠한 사람인가 - 16
　　　닮고 싶은 이미지를 마음속에 품자 - 20
　　　기적은 누구에게나 일어난다 - 22
　　　어떠한 사람으로 살아갈 것인가 - 28
　　　내 안에 숨은 보석을 찾아내는 일 - 36
　　2. 입꼬리를 올려라 - 47
　　　처음으로 웃는 모습에 관심이 생겼어요 - 47
　　　나처럼 해봐라 이렇게~~ - 51
　　3. 퍼스널 컬러와 패션 코디네이션 - 60
　　　컬러도 스피치다. - 60
　　　따뜻한 색상과 차가운 색상 - 63
　　　나를 특별하게 만드는 코디네이션 - 76
　　　반듯한 자세도 패션이다 - 80

2부 미라클 매너

　　1. 젠틀맨은 품격으로 말한다 - 106

인사는 내가 먼저 - 111
  당신의 마음을 상대에게 전하는 악수 - 117
  나~이런 사람이야~ - 121
 2. 글로벌 비즈니스 매너 - 123
  로마에 갔다면 로마의 법을 따르자. - 123

3부 미라클 스피치

 1. 소리의 통로를 찾아서 - 132
  스피치 킹이 되는 비법 - 136
 2. MRS 스피치 공식 - 147
 3. 미라클 프레젠테이션 - 152
  박수 받고 시작하자 - 152
  몸의 움직임도 프레젠테이션이다. - 154
  프레젠테이션의 결정판은 의전행사 - 158

4부 미라클 커뮤니케이션

 1. 비즈니스 커뮤니케이션 - 162
  경청은 어텐션이다 - 165

회의도 경청이다. - 168
　2. 고객응대서비스 - 169
　　　복을 불러오는 친절 - 169
　　　제가 도와 드릴께요 - 172
　3. 공감화법 - 174
　　　공감은 친절이다. - 174
　　　알고 만나자 - 182
　4. 전화매너 - 191
　　　목소리에도 표정이 있다. - 191

5부 나를 성장시킨 러브레터들 - 197

6부 EPILOGUE - 219

MIRACLE IMAGE MAKING

어떤 자질을 갖고 싶으면
그것을 이미 가진 것처럼 행동하라
'그런 것처럼' 행동하다보면 정말로 그대로 된다

If you want a quality
act as if you already had it.
Try the 'as if' technique.

—William James—

무지개는 당신 안에 있다

전라예술제 시낭송 사회

"김미림은 춘향이 출신이다"

나는 춘향이 출신은 물론 아니다. 그러나 춘향골 출신이기에 내 고향 남원을 홍보하는 이야기로 강의를 시작하려고 강사소개 기법중에 하나인 진진가 게임에 빠지지 않고 들어가는 문장이 바로 저 사진과 이 문장이다. 저 사진이 주는 이미지의 영향 때문인지 대부분은 내가 진짜 춘향이 출신이라고 생각하고 다른 문장을 가짜라고 지목해주는 일이 종종 있었다.

당신은 저 사진을 보는 순간 어떤 이미지가 떠오르는가? 조선시대, 한복, 쪽머리, 단아함, 곱다 등등의 특정하기는 힘들지만, 직·간접적인 경험속의 한복 입은 여인의 모습이 겹쳐져서 개인 만이 가질 수 있는 어떤 이야기를 만들어 내게 될 것이다. 그것이 바로 우리가 가진 어떤 사물에 대해 그려지고 느껴지는 "이미지"라고 말 할 수 있다.

저 사진은 내가 개인적으로 무척 좋아하는 모습 중의 하나다. 전남과학대학에서 방송모델이벤트 학과의 겸임교수로 재직 시 내 수업을 받고 있던 학생중의 한 명이 행사장에 참석하여 찍어준 사진인데 바로 저 사진이 찍히던 그날 '그 자리에 있을만한 사람답게 입고 말하고 행동한' 덕분에 내가 MC 라는 직업을 당당하게 말 할 수 있게 하고 그 일을 즐거워하게 된 계기가 된 날이기 때문이다.

나는 시문학으로 등단을 하여 서정시를 쓰는 시인이다. 전라도 전주에서는 신록이 우거지는 오월이면 전라예술제를 개최한다. 저 아름다운 신록속에 한떨기 붉은 꽃처럼 피어나던 그날도 전라도 예술인들이 모여 저마다의 끼를 발휘하는 날이었고 예술제 중에서 문인협회 주체의 시낭송이 있던 날이었다. 시인들끼리의 잔치였던 그날은 장소가 평소와 다르게 고궁 중에서도 유서가 깊은 조선왕조 태조의 어진이 모셔져 있는 경기전에서 열리게 되었고 협회장님께서 "김시인이 목소리가 좋으니 사회를 보았으면 좋겠다"셔서 그당시 전주문인협회의 사무국장을 맡고 있던 나는 감사한 마음으로 흔쾌히 수락을 하였다. 그리고 실내 시낭송 행사진행이라면 어깨가 훤히 드러나는 우아한 드레스를 선택하고 화장을 하였을테지만 행사 장소가 고궁인지라 오랜시간 고민하다가 한복집을 하고 있는 친한 동생에게 부탁하여 당의정을 골라 입고 쪽을 찌고 꽃고무신을 신고 경기전에 들어섰다. 옷차림 덕분인지 고궁이라는 장소 덕분인지는 모르지만, 나도 모르게 저절로 공손하고 단아하게 걸어다니며, 눈이 마주치는 이들에게 가벼운 미소와 함께 눈인사를 나누는 나를 고궁의 안내원으로 착각한 외국의 관광객들이 어진이 있는 곳은 어디인지 화장실은 어디인지 등을 물어와서, 짧은 영어로 대답을 못할때는 앞서 걸으며 안내도 도와주는 에피소드도 생긴 날이었다. 시낭송 행사가 시작되자 언제나처럼 그 날의 주인공은 나라는 생각으로 정말 우아하고 품위 있게 행사를 진행하였다. 그날은 경기전내에 계시던 많은 어르신들이 우리의 관객이 되어주셨고 김시인 덕분에 행사가 돋보였다는 회장님과 회원님들의 칭찬도 듬뿍 들었다. 더구나 그날 이후 여기저기 예술행사 진행자로 추천이 되어졌고, 나는 그날의 성공을 교사삼아 행사진행을 하러 가는 곳마다 그곳이 어떤 장소인지를 먼저 살펴보고 의상과 헤어스타일을 결정하였던 덕분에, 제법 인기 많은 행사진행자로서 성공 할 수 있었다. 하여 나는 자신 있게 당신에게 말해준다. 무지개는 당신안에 있으니 당신이 꿈꾸는 성공을 현실속으로 들여놓고 싶다면 반드시 그 자리에 있을만한 사람답게 입고 말하고 행동하라고!

이처럼 그 자리에 어울리는 이미지라는 것은 우리의 일상 속에서 무척 중요하게 작용하는 것이니 당신도 평소 직장에서나 모임에서의 당신의 이미지를 살펴보는 시간을 가져보자.

이미지가 무엇인지 쉽게 이해하기 위해서는 우선 당신이 좋아하는 배우나 개그맨 가수 등 연예인들의 모습을 생각해보면 된다. 그들의 이름과 함께 머릿속에 떠오르는 것들이 있을 것이다. 그들의 패션이나 독특한 헤어스타일, 커다랗거나 가느다란 눈, 작거나 큰 입, 빠르거나 느리거나 맑거나 탁한 목소리 등이 떠오를 것이다. 이번에는 동게 올림픽의 김연아 선수를 떠올려보자. 나의 머릿속에는 그녀의 이름을 떠올리는 순간 당당함, 화려한 피겨스케이팅의 스킬, 누구보다 풍부한 표정, 야무지고 자신감 있는 여성의 이미지가 떠오르고 있다. 당신의 경우도 비슷한가?. 유럽의 무대 토드넘에서 활약중인 손흥민 선수를 떠올려보자. 그가 슛~골인~~!! 하는 순간을 떠올리는 순간 자신도 모르게 주먹에 힘이 들어가고 괜히 입꼬리가 올라가며 어깨조차도 으쓱해지지 않는가? 기분 좋은 이미지는 이렇게 상상만으로도 감정을 고양시키는 힘이 있다.

굴지의 기업 대표나 리더들의 이미지도 비슷할것이다. 삼성, 현대, LG, 한진, 금호 등 각 기업의 업종이나 규모, 사회공헌도에 따라 각 기업이 주는 느낌이나 그 기업에 대해 가지는 신뢰도도 차이가 나는 것은 이미지가 주는 영향력중에 하나 일것이다.

이처럼 한 사람이나 한 기업의 모습을 떠올리면 그 사람이나 그 기업의 이름들과 함께 마음속에 떠오르는 얼굴 생김새, 표정, 음성, 말투, 옷차림, 걸음걸이, 머리스타일, 태도, 성격, 실력 등의 수많은 생각들이 섞여지면서 점차 하나의 형체가 만들어 지는데, 이렇게 우리 나름의 사고와 취향에 따라 편집되어 만들어 지는 그 사람이나 그 기업에 대한 생각의 덩어리, 하나로 통합되어 지는 독특한 감정, 고유한 느낌들이 바로 한 사람이나 한 기업이 가지고 있는 행위 결과로서의 '이미지'라고 할 수 있다.

당신 스스로는 어떤 이미지들이 떠오르는가? 당신 주변의 사람들은 당신에게 어떤 이미지가 있다고 말하고 있는가? 그것들을 종합해보면 당신이 생각하는 당신의 이미지와 타인이 생각하는 당신의 이미지가 형성되는 단어들을 만나게 될 것이다. 남자는 남자로서, 여자는 여자로서, 학생은 학생으로서, 직장인은 직장인으로서, 주부는 주부로서 가지는 이미지가 있으며, 20대는 20대의 이미지가 있고, 50대는 50대의 이미지가 있다. 이것은 성별, 연령, 직업 등에 따른 각기 다른 역할 기대로서의 이미지라고 할 수 있는데 "~답다" 라는 말이 바로 그것이다.

당신은 그 자리에 있을 만한 사람답다고 자신있게 말할수 있는지 스스로 에게 물어보고, 이제부터라도 그 자리에 있을 만한 사람답다 라는 이미지는 어떤 것들이 있는지 찾아보자.

이미지(image)의 어원은 imago(복제, 유사성)라는 라틴어에서 시작되었다고 한다.

나의 이미지란 상대의 마음거울에 비친 모습이며 내가 상대에게 공개하도록 허락한 모습으로, 우리는 항상 어떤 이미지의 사람으로 살아갈 것인가를 마음속에 그려놓고 관리해 가야 하는 이미지 메이킹의 시대에 살고 있다. 김미림 (2007)고품격친절 이미지메이킹 .PP12

이미지메이킹은 자기관리의 중요한 한 요소로서, 자기를 표현하는 능력을 기르는 일이다.

자신을 제대로 잘 표현하는 능력은 내면을 더욱 돋보이게 하고, 이를 통해 강화된 이미지는 일상 생활에서 사회적 연대(social network)와 성취감을 불러들여, 삶을 풍성하게 만들어 주고 궁극적으로 인생을 변화 시킬 수 있는 것이다.

나는 매 강의마다 "그자리에 있을 만한 사람답게 입고 말하고 행동하는 것"으로 이미지메이킹을 정의해 왔다.

　이미지메이킹은 자신이 생각하는 가장 바람직한 상(이미지, 꿈 혹은 비전)을 정해놓고, 자신의 능력을 최대한 발휘하여 이를 실현 시켜나가는 의도적인 변화과정이다.

　칼릴 지브란은 "지상의 모든 아름다운 것들과 위대한 것들은 인간이 품고 있는 생각과 느낌에서 태어난다"고 했다.

　즉, 자신의 생각과 느낌의 이미지 표현이 성공적으로 되기 위해서는 생각을 밝게하고 사물에 대한 긍정적인 시각을 유지하는 노력과 함께 웃는 표정, 예의 바른 자세, 고운 말씨와 감사 표현을 생활화 하면 누구나 자신이 꿈꾸는 비전속에서 행복하게 성공한 삶의 주인이 된다.

　무지개는 당신안에 있다.

SKILL

내가 생각하는 나의 이미지에 해당하는 단어를 먼저 써보고 내 주변의 동료 친구들에게 그들이 생각하는 나의 이미지를 물어보자(7개 이상이면 충분하다)
내가 생각하는 나와 타인이 생각하는 나의 긍정적인 단어가 많이 겹칠수록 나는 사회생활과 인간관계를 잘하고 있다고 생각할 수 있다.

나는 어떠한 사람인가?

자신이 생각하기에 따라
인생이 달라진다.

A man's life is what his thoughts make of it.
- M.아우렐리우스 Marcus Aurelius -

　날개를 달고 태어나는 새들 조차도 아흔 아홉 번의 날개짓을 해본 뒤에야 날수 있다고 한다. 당연히 날 수 있는 특권을 가지고 태어난 그들 조차도 많은 연습을 해본 뒤에야 날 수 있으며, 전심을 기울이지 않고 날게 된다면 떨어 질 수도 있다는 사실은 노력하지 않으면 날개를 달고 태어나도 날 수 없다는 말과 같다.
　나는 신입 강사 였을 때, 거의 모든 강의에서 윌리엄 제임스라는 미국의 심리학자의 이론을 이야기 해왔다. 사고가 바뀌면 행동이 바뀌고, 행동이 바뀌면 습관이 바뀌고, 습관이 바뀌면 인격이 바뀌고, 인격이 바뀌면 운명이 바뀐다는 말에 누구나 고개를 끄덕이며 공감을 하기 때문이며, 이것은 나 자신에게 주는 주문 같은 것이었다고도 할 수가 있겠다.
　美林이라는 이름이 가져다 준 주문에 걸린 것처럼 나는 내 인생이란 숲을 아름답게 만드는 것에 최종 목적을 두고 살아온 사람이라고 해도 과언이 아닐만큼 아름답고 예쁜 것을 좋아한다.

직업으로 하고 있는 일상의 일들도 삶을 아름답게 만들기 위해 꼭 필요한 기본예절들과 다른 사람을 배려하는 마음가짐을 강조하는 매너에 관한 이야기들이다. 나를 비롯한 이 세상의 모든 사람들이 날마다 즐겁고 당당하고 좋은 얼굴을 만들며 안전하게 사는 아름다운 세상을 나는 꿈꾼다.

내 이름 미림은 부르기에 무척 예쁜 이름이다. 아름다울美 와 수풀 林, 즉 아름다운 숲 이라는 뜻을 가지고 있다. 어린시절에는 그 당시 텔레비전에서 방영하던 밀림의 왕자 타잔의 밀림과 비슷 한 발음으로 "아아아~~밀림"이라고 짖궂게 놀림을 받고 울기도 했는데, 그런 딸이 안쓰러우셨는지 어느 날 아버지는 물감을 가지고 노는 나에게 '눈을 감고 마음속으로 하얀 도화지 위에 향기로운 꽃들이 어울어지고 토끼 노루 사슴들이 뛰노는 숲 위로 산새들이 노래를 하며 시냇물도 졸졸 흐르는 그림을 그려봐라'고 하셨다, 그리고 '넌 그런 숲처럼 예쁘고 아름답고, 재주가 많은 사람이 될 거야' 라는 말씀으로 나를 위로해주셨다.

그때부터였다. 나는 예쁜 꽃이나 단풍잎을 책갈피에 말려서 엽서를 만드는 소녀가 되었고 아름다운 글과 그림들을 노트에 옮겨 적고 그렸으며, 마음속으로 '난 아름다운 재주가 많은 사람이 될 거야'라고 되뇌이며 말은 잘하지 못했지만 책을 많이 읽고 좋은 문장을 일기장에 옮기는 문학소녀로 성장해왔다.

강산이 네 번이나 변한 세월이 흐른 지금 그 산골 소녀는 아름다운 시를 쓰는 서정 시인이고 괜찮은 목소리를 가진 시 낭송가 이며 근사한 프리랜서 MC로 살고 있고, 21세기를 살아가는데 꼭 필요한 화술과 표정과 매너에 대한 정보를 나누어 주는 이미지&스피치 컨설턴트 라는 직업을 통해 나와 같은 가치관을 가진 제자 강사들을 양성하는 사람이 되어있다.

이미지메이킹이란 이런 것이다.

피부관리와 메이크업, 멋진 옷과 머리 손질, 보석 치장과 같은 외적인 표현도 중요하지만, 자신이 꿈꾸는 이미지를 현실화 하기 위해 내면에 잠들어 있는 재능을 최대한 끌어내는 의도적인 변화를 만들어 가는 과정이 더 중요한 것이다.

그래서 이미지메이킹을 -목표로 하는 이미지를 이미 실현한 것 처럼- " 그 자리에 있을 만한 사람답게(목표로 하는 자신) 입고 말하고 행동(이미지 형성)하여 신뢰감을 높이는 것" 이라고 정의한 것이다. 이미지메이킹(Image Making)은 당신이 꿈꾸는 기적을 현실 속으로 가져오는 마법의 주문이다.

"그 자리에 있을 만한 사람답게 입고 말하고 행동하여 신뢰감을 높여라, 그러하면 당신의 삶속에 기적이 일어날 것이다" 라고 수없이 강의하며 살아왔다. 그러나 그보다 먼저 이미지 메이킹의 기적은 자신이 그려둔 마음속의 그림대로 삶이 이루어 진다는 자기 확신이 있어야 그 기적이 확실하게 일어난다고 말해주고 싶다.

당신은 어떠한 사람인가?

무엇을 꿈꾸고 어떤 목표를 가질 것인가에 앞서 자신을 먼저 잘 알아야 한다.

내가 하는 대부분의 개인 컨설팅은 자신이 어떤 사람인지 말해달라는 요청으로 시작되는데, 이는 컨설팅 대상자를 좀 더 알게 하고, 그 대상에 알맞은 적절한 코칭법을 활용할 수 있어 만족도를 높일 수 있기 때문이다.

중학생부터 성인에 이르기까지의 내가 만난 거의 모든 사람들은 "나는 어떠한 사람이다" 라는 질문에 대한 답으로 "나는 ○○○이라는 이름을 가진 사람이다" 라고 말하는 사례가 극히 드물다는 사실에 주목했다. 그래서 컨설팅을 받는 그들에게 나는 어떠한 사람인가? 라는 질문에 대한 답을 나열하게 한 후에, 맨 첫 번 줄에 "나는 ○○○이라는 이름을 가진 사람입니다" 라고 쓰게 하고, 그 이름을 지어주신 부모님의 마음을 들여다보는 시간으로 상담을 시작한다. 아름다울美 수풀林 자를 내 이름으로 지어주신 부모님께 늘 감사하듯, 나의 클라이언트들에게도 그들의 부모님에 대한 감사의 시간을 내가 선물해 주는 것이라고 생각하면서 나는 여전히 내앞의 클라이언트에게 질문할 것이다.

당신은 어떠한 사람인가?

SKILL

부모님께서 지어주신 당신의 이름자를 써보고 어떠한 사람으로 살아가라고 그리 이름지어주셨는지 잠시 생각해보는 시간을 가져보자

닮고 싶은 이미지를 마음속에 품자

"미덕을 갖추지 못했다면
가진 척이라도 하라"
-셰익스피어-

　나는 고등학교 졸업을 앞둔 가을부터 웅변학원에서 웅변과 구연동화를 들려주는 교사로 일하며, 대학을 졸업하고 아이들의 담임이 되신 선배 교사들을 동경했고 원장님과 원감님의 삶을 존경했던 아주 순수한 애기교사였다. 이후 오랫동안 재직했던 관공서를 퇴사하고 육아를 하며 경력단절 여성으로 살다가 출전한 '공명선거를 위한 웅변대회'의 수상을 계기로 다시 웅변학원과 어린이집에서 재능강사로 일하며 좀 더 명확하게 내가 살아가고 싶은 꿈의 지도를 그려볼 수 있었고, 서른다섯이라는 늦은 나이에 대학에 진학할 수가 있었다. 서른다섯 만학도의 첫 수업은 가족복지 과목이었고 담당 교수님은 안경너머의 눈동자가 유난히도 새까맣게 반짝이던 여자 교수님이셨다. 그때 겁도 없이 나는 교수가 되고 싶다는 생각을 마음속에 품었다.
　셰익스피어는 "미덕을 갖추지 못했다면 가진 척이라도 하라"고 말한다. 이 말을 듣기전에도 이미 나는 강의때마다 〈이쁜척 착한척 친절한척〉 하는 척의 대가가 되라고 이야기 해왔는데, 이는 상상을 통해 그것을 꿈꾸며 이미 가지고 있는 것처럼 행동하라는 이미지트레이닝의 하나였다. 그러다 보면 그 길을 가기위해 필요한 조건들이 보이기 시작하고 어느 순간에 꿈꾸던 이미지가 현실이 되어 있을 것 이라고 확신한다.

　당신이 되고자 하는 사람을 당신의 현실 속으로 불러내고 싶다면
　그 사람이 되었을 때의 가장 멋진 당신 모습을 늘 마음속에 그려보는 이미지트레이닝을 하자. 이미지메이킹의 기적은 바로 자신의 마음에 있는 그림이 가진 힘에서 생겨진다는 것이 오랜 세월 이미지강사로 활동해온 내가 해주고 싶은 이야기의 핵심이다.

　처음 보는 사람에게서 "첫 눈에 반했다."라고 할 때 상대에게 빠지는 시간이 3초면 충분하다고 한다. 지금 세대들에게는 그보다 짧은 1초~ 2초 정도로 판단의 시간이 빨라졌다. 이렇듯 짧은 시간에 상대가 나의 매력에 빠지게 하기 위해서는 자신만이 가질 수 있는 강력한 무기가 얼굴 표정이라고 나는 강조한다.

　얼굴의 이미지는 인생을 좌우할 만큼 큰 힘을 가지고 있다고 한다. 얼굴에는 각자의 삶의 방식이 반영되어있다는 말과 같은 이야기다. 이렇듯 중요한 얼굴을 웃는 얼굴로 만들기 위해 노력해야하는 것은 백번을 강조해도 모자랄 것이다. 자기만의 매력적인 이미지를 가꾸기 위한 가장 쉬운 방법은 매일 입 꼬리를 올리고 미소를 가득 머금은 얼굴로 사람들을 대하는 것이다. 그 방법의 가장 큰 수혜자로서 나는 당신도 그 수혜자가 되라고 말하고 있는 것이다.

　닮고 싶은 이미지를 마음속에 품어보자.

기적은 누구에게나 일어난다

"우리는 언제나 어느 곳에서나 기적을 일으킬 수 있습니다.
직장인은 직장에서, 주부는 가정에서,
학생은 학교에서 얼마든지 아름다운 기적을 일으킬 수 있습니다.
최선을 다하는 아름다운 모습,
사람을 사랑하는 귀한 마음,
기쁨, 감사, 용서, 지혜, 인내, 만족, 용기, 희망,……
아름다운 단어를 가슴에 품으십시오.
아름다운 기적이 일어날 것입니다."
- 정용철의 《아름다움을 향한 그리움》 중에서 -

"자신의 꿈이 아름답다고 믿는 사람에게만 미래는 존재한다."
프랭클린 D루즈벨트의 부인인 엘리너 루즈벨트Eleanor Roosevelt 의 말이다.

하고 싶고, 갖고 싶고, 되고 싶은 것은 무엇인가?
꿈의 목록을 적어본 일이 있다면 이미 멋진 꿈을 꾸고 있는 사람이다.

내 기억 속의 처음 꿈은 초등학교 내내 물감 놀이를 하며 생긴 화가였을 것이다. 5학년이 되면서는 학교 도서관의 책을 다 읽을수 있는 사서가 되고 싶었고, 서른다섯 늦깎이 대학생 시절 교양 수업시간에 받았던 〈꿈 목록 70가지 작성하기 과제〉 가 나의 삶을 통채로 바꾸어 놓은 보물지도가 되었다. 과제로 제출한 그때의 꿈목록을 전부 기억하지는 못하지만 목록의 첫번째는 교수가 되고 싶다 였다. 꿈에 그리던 대학 캠퍼스를 밟던 첫날 첫 시간에 들어오신 여교수님의 맑은 눈동자와 명료한 목소리에 홀딱 반해서 한학기를 보냈고, "교수가 되고 싶다"라는 생각은 당연히 꿈목록 1번이 되었을 것이다.

목록은 사라졌지만, 한달 이상 씩 쿠르즈 여행을 하고 싶다던 꿈을 제외하면 거의 다 이루어진 거 같다. "종이위에 기적 쓰면 이루어진다"(헨리에 앤 클라우저)라는 책 제목처럼, 스콧 애덤스도 목표를 기록으로 남기면 구체적인 결과가 다가온다고 했다. 기록해둔 것들의 기적은 널리 알려져 있으니, 지금 당장 꿈 목록을 작성해보자.

거창하거나 멋지지 않아도 되고, 지금 당장 가지고 싶은 것들과 언젠가 가보고 싶은 곳들, 하고 싶고, 되고 싶은 것들에 대한 속 마음을 적어나가면 그것이 바로 꿈 목록이 되고, 이것이 인생에 기적을 일으키는 주문이 되는 것이다.

　프리랜서 강사로 활동하면서 개인컨설팅을 할 수 있는 사무실이 없어 동동거리던 어느해 K은행 고객 사은품 수첩 맨 뒷장에 이렇게 적었다.

"사무실을 갖는다"
　1. 평수 - 100평
　2. 장소 - 중화산동 어은터널 사거리 한빛안과 건물,
　　　　　또는 종로약국 건물중 한 곳
　3. 돈 - 나는 없으니 누가 만들어 놓고 함께 하자고 요청해온다.

　우스운 일이지만 그렇게 이루어지기를 간절히 소망 했다. 기적은 정말로 일어났다. 낙서같은 메모를 해둔지 일주일 쯤 후 롤모델로 삼고 있던 그 교수님께서 "미림씨 사무실 필요하지 않아요?"라고 물어오셨다. 사단법인으로 등록된 가족복지 교육원을 운영해줄 사람이 필요해서 연락을 한 것이란다. "장소는요?" "미림씨도 알지요? 중화산동 어은터널 사거리 한빛안과 5층이에요"
　상상이 되는가? 100여평의 공간에 강의실과 상담실등의 내부벽 공사에 내 경험을 활용해서 시작부터 함께 해주고, 그 곳에서 개인 컨설팅을 해도 된다는 그야말로 종이위에 쓰면 기적이 이루어진다는 그 순간을 오싹하게 경험하게 되었다. 그곳에서 3년을 보내면서, 조금 더 야무지게 내 개인의 강의장을 가진 사무실을 갖고 싶다는 생각에 구체적으로 기록하게 된다.

"나만의 사무실을 갖는다"
1. 평수 - 40평
2. 장소 - 지리산 빌딩에서 본병원 사거리 사이 학원가 빌딩
3. 돈 - 내가 가진 만큼으로 해결 가능한 공간이 나타난다.

전주를 잘 아시는 분들만 이해하는 내용인데, 지금은 신시가지, 혁신도시, 에코시티등 인기 있는 장소가 많지만, 당시에는 내가 사무실을 갖고자 했던 서신동이 학원 밀집 지역으로 가장 인기 있는 곳이었고, 임대료도 아주 비싼 곳이었음에도 불구하고 기록의 기적을 믿었다. 신시가지가 들어서면서 상가 임대 시장에 변화가 생겨서인지, 임대를 알리는 플랑카드가 내 걸리고 내가 원하던 위치에 있는 서신중학교 사거리 6층 빌딩에 내가 가진 경제력으로 임대가 가능하여 "김미림 이미지 & 스피치 연구소"를 갖게 되었다. 우연이었다고 해도 내게 일어난 이 두 번의 기적 같은 경험은 이후 방학 때마다 진행하던 청소년 비전스쿨에서도 학생들을 통해서 목격되었다. 꿈 목록을 적고, 10년후와 20년후의 미래일기를 적은 학생들 대부분이 그때 적었던 꿈을 이루고 미래 일기처럼 살고 있거나 그 길로 나아가고 있는 것을 확인하는 놀라움을 경험하고 있다.

지금 당장 삶의 소소한 꿈 목록들을 작성해보자.

내가 만난 기적들은 누구에게나 일어난다.

종이위에 써본 꿈 목록은 인생에 나침반이 되어줄것이다. 차를 사고자 하는 마음이 정해지면, 차를 살 때까지는 오로지 길가에 다니는 차만 보이는 법이다. 서른다섯 만학도 시절에 교수가 되고 싶다는 꿈

은 적극적으로 교수님들과 가까워지게 했고, 친해진 여교수님께 자판기 커피를 뽑아들고 대화를 요청하게 했다.

"교수가 되려면 어떻게 해야 하나요?" "박사학위가 있어야 하지요 ^~~" 라는 답과 45세 까지 학위를 따야만 정교수까지 올라갈 수 있다는 설명도 해 주셨다.

35세의 만학도 학부생에게 10년만에 박사학위를 따야 된다는 현실이 열정적으로 학업에 매진하게 했고, 2011년 2월에 〈공감화법과 개인성격의 상관성 연구〉라는 논문으로 문학박사학위를 받게 되었다.

어린 시절부터 부모님이나 어른들에게 '넌 커서 뭐가 될래?' 라는 질문을 들은 사람들은 행복한 것이다.

10년 후 어디에서 무엇을 하고 있는지를 그려보고 지금 가장 소중한 목표 3가지는 무엇이고 그 목표를 이루는데 걸림이 되는 3가지는 무엇인지 적어보자.

그 당시 나의 목표 3가지는 석사학위, 박사학위, 교수를 10년 안에 이루는 것이었는데 가장 걸림이 되는 것 3가지가 학비, 육아, 학업이었다. 학비와 학업은 열심히 공부하여 과수석에게 주는 전액 성적장학금으로 해결이 되었다. 독한 마음으로 일주일에 3일은 유치원 재능강사로 일을 하고, 3일은 주간과 야간으로 학교 수업을 들었다. 육아는 나를 친자매처럼 이끌어주시던 어린이집 원장 언니가 아이를 종일반으로 맡아주었다.

종이위에 적어보자.

기적은 누구에게나 일어난다.

SKILL

마법의 주문을 외우자

꿈꾸는 대로 이루어 지리라

당신이 하고 싶고, 되고 싶고, 가지고 싶고, 가고 싶은 곳들에 대한 꿈 목록을 작성해보자

어떠한 사람으로 살아갈 것인가

"꿈을 갖고 배우며
변화를 도모하기에
너무 늦은 때란 없다"
- 시어도어 루빈 -

당신의 삶을 성공으로 이끄는 IMAGE-MAKING 을 위해서 가장 먼저 할 일은 지금 당신의 삶속에서 가장 닮고 싶은 모델을 찾아내는 일이다. 누구나 성장 시기마다 닮고 싶은 사람이 있기 마련이다. 나는 어린시절 소심해서 친구들이 많지 않았던 대신에 책을 많이 읽었는데, 초등학교 4학년때 읽었던 꿀벌마야의 주인공 마야의 모험심과 책임감등이 너무나 좋아서 마야를 닮고 싶다고 생각했던 시절도 있었다. 바람과 함께 사라지다의 진취적인 여인상이며 주인공이었던 오하라 스칼렛에 반해서 그 두꺼운 책을 몇 번이나 읽고, 영화도 다섯 번이나 보았으며, 그녀를 닮고 싶다는 마음 하나로 닉네임을 오하라 스칼렛으로 사용하며 "내일은 내일의 태양이 떠오를거야"를 노래 부르던 시절도 있었다. 세기의 연인이며 많은 사람들에게 천사의 대명사로 기억되는 영화 '로마의 휴일' 주인공 오드리햅번의 미모에 쏙 빠져서 그녀를 닮고 싶다는 생각 하나로 싹뚝 햅번스타일의 짧은 컷 으로 헤어스타일 부터 바꾸던 그런 시절도 있었고, 그로부터 현재까지 내가 쓰고 있는 닉네임은 햅번이다. 오드리햅번은 남아프리카 공화국에서 유니세프 친선대사로 활동하다 하늘 소풍 가셨다. 나도 그녀처럼 누군가에게 나의 마음을 나누어 줄 수 있는 귀한 시간을 선물 받을 수 있을지 모른다는 희망을 품고 흉내 내기를 멈추지 않은 덕분에 유치원 교사가 되는 공부와 더불어 사회복지 공부를 하게 되어 나눔을 실천하고 있으니, 우리가 닮고 싶다고 마음에 품은 그 존재는 이렇게, 우리의 삶을 자신도 모르는 사이에 긍정적이고, 존재감 있는 삶의 주인으로 이끌어준다는 것을 잊지 말고 당신도 닮고 싶은 롤모델을 찾아보자.

지금 당장 닮고 싶은 사람이 떠오르지 않는다면 당신이 읽었던 책 속의 등장인물을 생각해도 괜찮다. 다만 롤모델을 찾았다면 거기서 멈추지 말고 그 닮고 싶다고 생각한 롤모델의 좋은 점들 중에서 가장 닮고 싶은 3가지를 찾아내어 우선순위를 정해보자.

나의 경우를 이야기하자면 오드리햅번을 닮고 싶다고 생각하던 그 순간 헤어스타일을 바꾸고 그녀의 아름답고 우아한 표정과 타인을 위해 아낌없이 자신의 시간을 내어주고 살다 하늘소풍가신 그 고귀한 삶을 배워보자고 생각한 덕분에 서른다섯이라는 나이에 아동복지학부에 진학할수 있었다고 믿는다.

그녀가 아들에게 남겼다는 좋은 말들 중에서 "아름다운 눈을 가지고 싶다면 사람들에게서 좋은 점을 봐라"라는 말을 제1 실천 덕목으로 정해놓고 만나는 사람들에게 좋은 점만을 찾아내어 말해주는 일을 성실하게 실천한 덕분에 누구보다 친절하고 만나면 기분 좋은 사람이라는 칭찬을 많이 들을 수 있었다. 그러니 당신도 당신이 원하는 성공과 삶이 있다면 그 것과 가장 많이 닮아있는 누군가를 당신의 롤모델로 정하고, 가장 닮고 싶은 점 세가지를 찾아내어 실천하는 것을 강력하게 권한다.

닮고 싶은 사람으로 누군가를 선정하게 되는 가장 큰 이유는 그 사람처럼 살고 싶다는 욕망이 함께 깃들어 있기 때문이라고 나는 생각한다. 그 사람이 가진 좋은 점들 중에서 당신이 쉽게 따라 행동 할 수 있는 것이 외적인 것이라면 지금 바로 현실로 옮겨서 따라해 보고 오랜 시간을 가지고 그들의 삶 속에 배어 나와 당신을 감동시킨 내면의 빛깔들도 당신의 것으로 만들어 당신도 그렇게 당신 주변의 사람들에게 닮고 싶은 사람이 되었으면 한다.

　나 또한 오드리햅번의 우아한 표정을 위해 실천하고 연습하던 시간과 사람들의 좋은 점을 칭찬하는 시간들 속에서 타인들로부터 햅번 못지 않은 아름다운 표정의 주인이라는 찬사를 들을수 있었다.

　누군가를 닮고 싶은 모델로 정해놓고 실천 항목들을 열심히 훈련하여 당신이 닮고 싶은 좋은 이미지가 형성되었다면, 이제는 "10년 후 20년 후 나는 어디에서 무슨 일을 하는 사람으로 살고 있는지?" 상상해 보는 일을 틈나는 대로 해야 한다. 윌리엄 제임스가 이야기한 생각이 바뀌면 행동이 바뀌고 행동이 바뀌면 습관이 바뀌고 습관이 바뀌면 운명이 바뀌는 기회가 드디어 당신에게도 선물되어진 것이다^^.

　사람은 누구나 오래 살아 웃기를 소망한다.

　분명 한것은 누구나 언젠가는 하늘나라로 소풍을 가게 될 것이라는 사실이다. 그럼에도 우리는 천년을 살아갈 듯 수많은 것들을 계획하고 마음 동동 거리며 살아간다. 천년을 살지 못한다 해도 백년은 잘 살아내고 있는 석학들을 보면서 당신도 미래를 넉넉하게 계획해보자.

　나는 그간의 강의를 통해서 어떤 사람으로 살아갈 것인가를 구체적으로 정하되 꼭 나눔의 삶에 대하여도 구체적 기술을 해보도록 했다.

　록펠러는 암에 걸려 1년 시한부 인생을 통고 받았는데 그때 그의 어머니는 이렇게 말했다고 한다.

　"아들아 곧 세상을 떠날 텐데 마음껏 자선 사업이나 하고 가렴"

　록펠러는 그때부터 자선사업을 시작했고 가난한 사람들에게 돈을 아낌없이 주었더니 가슴이 확 트이면서 마냥 행복해졌다고 한다.

덕분에 록펠러는 의사의 선고에도 불구하고 40년이나 더 살았다고 하니 누군가에 우리가 가진 것을 나누어주는 삶이야 말로 생명에 활력을 주는 비타민 같은 것이다. 신이 만들어 둔 나누어서 행복한 삶의 계획은 어쩌면 내 자손 에게 주는 커다란 복을 짓는 일인지도 모른다. 10년 후에는 사회적 지위와 경제적 부와 함께 꼭 물질만이 아닌 사랑의 마음도 양껏 나누어주는 삶의 이미지메이킹 계획을 세워보자.

이미지를 연출하는 데에는 무엇을 어떻게 보여줄 지가 중요하다.

남에게 보이고 싶은 자신의 이미지를 효과적으로 연출할 수 있는 방법들은 다양하게 기술되는데, 성공적인 비즈니스를 위한 이미지메이킹을 "닮고 싶은 롤모델을 찾아서 실현해나갈 수 있도록 커뮤니케이션을 하는 과정"으로 정의하고 김은영님이 [이미지메이킹] (1991. 김영사)에서 제시한 이미지메이킹의 5단계에 롤모델을 찾아 닮아가면 효과가 더 좋다는 확신을 담아서 나는 다음과 같은 6단계 실현 방법을 제시한다.

6STEPS OF IMAGE-MAKING

1. Know yourself
   당신만의 장점과 단점은?
2. Role Model Yourself
   당신의 롤모델과 당신의 목표는?
3. Develop yourself
   당신의 가치를 높일수 있는 것들은?
4. Package yourself

당신이 이미지메이킹 해야할 것들은?
5. Market yourself
당신이 명품이라는 사실을 알려줄 방법은?
6. Be yourself
당신의 영혼과 몸에 배인 매너는 품격이 된다.

나는 무엇이든지 배우고자 마음먹으면 정말 열심히 잘 배우려고 노력하는 사람이다. 다른 많은 훌륭한 학자들과 경험자들이 앞서 정리해둔 이미지메이킹 실천 단계들을 발판으로 나에게 가장 큰 효과를 주었던 롤 모델들의 좋은 모습 3가지를 내 것으로 만들어 보는 롤 모델 따라 하기를 통해 나는 기적을 만났다고 믿는다.

전국레크리에이션 대회를 진행하는 MC로 발탁되던 그해는 내게 행운의 여신이 가득히 손짓하던 한해였다.
잠실올림픽 파크텔에서 열렸던 전국 레크레이션 대회 진행을 의뢰받고 나는 햅번 스타일의 드레스와 헤어, 그리고 메이크업까지 풀 셋팅을 한 후 행사장에 나타났었는데 모두들 놀라는 표정으로 나를 바라보았던 것을 생생하게 기억한다. 원래는 체육부 장관이 참석하시는 오전 의전 행사만 진행하기로 하였었지만 집행부로 부터 전국에서 올라온 팀들의 대회가 끝나고 오후 6시에 진행될 시상식과 행운권 추첨까지 진행해 달라는 요청이 들어왔다. 나는 요즘 흔히들 하는 말로 '내 돈 내산,' 내 돈 들여서 한껏 예쁘게 꽃단장을 한 몸이니 햅번 스타일로 사람들의 시선을 받으며 오래오래 서있는 것이 더 좋아서 흔쾌히

"예스"라고 대답하였고, 그날 하루 종일 높은 구두와 바닥까지 질질 끌리던 드레스를 입고 행사장에서 젊은 대학생들의 대회를 구경하는 호사까지 누렸다. 그날 행사의 심사위원으로 참석하셨던 레크레이션 협회 이사님 한 분이 며칠 뒤 연락을 주셨고 첫 미팅에서 말씀하시기를 그날 행사장에서 높은 구두에 많이 힘 들었을 텐데도 찡그리는 표정 없이 마무리를 잘 했노라며, 바로 그 이미지메이킹 비법을 자신이 학과장으로 있는 대학의 방송모델이벤트 학과 학생들에게 전수해 달라고 부탁하셨다. 나는 그렇게 입꼬리 올리는 표정하나로 스카웃이 된 것이다. 실제로 웨딩 화보같은 것을 찍기 위해 지방의 업체들이 모델학과 친구들과 촬영을 많이 하는데 한컷 찍고 나면, 다리 아프다, 발 아프다, 허리 아프다는 소리들로 학생들 표정이 엉망이 된다며 타인들 앞에서 프로처럼 행동하는 것을 골자로 이미지메이킹과 프레젠테이션 스킬 강의를 요청하셨고 2005년도에 나는 그 대학의 겸임교수가 되었다.

    비즈니스를 위한 이미지메이킹은 이런 것이다. 내가 선 그곳의 환경이 아무리 열악하다 할지라도 그 자리를 완전히 벗어나기 전에는 절대로 입꼬리를 내리지 않는 것!! 이것이 행운을 부르는 진정한 이미지메이킹의 시작이라고 당신에게 말해주고 싶다.

    입꼬리를 올리면 행운이 담긴다는 사실을 잊지말자.

SKILL

당신도 당신 자신의 이미지메이킹 6단계를 그려보자

1. Know yourself

   나는 어떠한 사람인가?

2. Role Model Yourself

   나의 롤모델은 누구이며 이유는 무엇인가?

3. Develop yourself

   내 가치를 높일 수 있는 것들은 무엇인가?

4. Package yourself

   내가 더 돋보이게 할 부분은 무엇인가?

5. Market yourself

   내가 가장 잘하는 것 홍보를 한다면?

6. Be yourself

   나 스스로에게 진실할 약속은?

내 안에 숨은 보석을 찾아내는일

대산초등학교 교장선생님과 친구들

사랑,향기,희망 비추미 사향희 교장 선생님은 동향 분이시며, 비슷한 연배의 야무지고 예쁜 미소를 가진 매력이 넘치는 분이다. 어느해인가 초겨울 따뜻한 차를 마시면서 그 분의 이름 풀이로 시간을 보냈다. 그 분의 한자이름은 '역사史 향할向 바랄希'였다. 평소 내가 그녀를 보며 느낀 것을 토대로 "서있는 자리에서 바라보는것 마다 밀고 나아가는 대로 역사가 되는 이름을 가졌습니다. 그러하니 무엇이든 과감하게 스스로 가진 힘을 믿고 나아가시면 되겠습니다." 라고 예언자 칼릴지브란처럼 이야기 해주었다. 지금 그분은 근무하는 학교마다 아이들 안에 숨어 있는 보석들을 찾아내서 미래의 베스트셀러 작가도 만들고 노벨문학상을 타게될 시인으로도 만들며 베토벤이나 모차르트를 넘어서는 음악가가 탄생되는 것을 기대하게 하는 학습을 개발하고 실천하는 마법의 지팡이를 가진 선생님이다. 나는 그 분이 가진 아이들을 사랑하는 마음과 그들의 미래를 빛나게 하는 그 교육철학이 깃든 학습을 내고향의 모든 아이들이 다 맛보고 누리게 되기를 소망한다. 지난해 그 분이 교장으로 승진 후 첫 부임지인 대산초등학교에서 작가와의 만남시간을 1학년부터 6학년까지 아이들과 가졌다. 이름의 소중함에 대하여 이야기를 나누고 동시를 짓고, 꿈목록을 적어보고 발표를 하는 수업을 한 후 미래의 작가상을 수여하는 내용이었다. 그때 만났던 세명의 6학년 친구들이 쓰고 발표한 이야기들은 작가인 나에게 진심으로 그 아이들의 미래가 기대 되게 하는 내용이어서, 나의 책에서 십년후 이십년후 그 들의 미래를 공유하는 한사람이 되고 싶다고 요청 하였다.

   이름속에 담긴 숨은 보석을 찾아낸 사향희 교장선생님의 목소리와 세명의 초등학교 6학년 친구들의 생생한 목소리를 들을 수 있기를 소망하며 그들이 보내준 전문을 수정 없이 옮겨본다.

'사랑 향기 희망 비추미' 선생님으로 살아가기

사 사랑으로 나답게 숨은 보석을 깨우고
향 향기가 나는 말과 글과 음악으로
희 희망 비추미가 되겠습니다.

내 이름을 난 참 좋아한다.

어렸을 때에는 너무나도 튀는 특별한 성에 관심받는 것이 것이 쑥스러웠는 데 세월이 갈수록 더 좋아진다. 이름에서 향기가 난다고도 하고 봄, 여름, 가을, 겨울 사 계절의 향기를 담은 사람, 사랑 가득한 이름이 너무 예쁘다고 하기도 한다. 한글로도 한자로도 삼행시를 지어도 참 많은 의미 부여를 할 수 있어 좋다. 한자로는 '역사 史 향할 向 바랄 希'이다. 내가 바라는 대로 향하며 내가 있는 지금 여기에서 새로운 역사를 쓰겠다는 의미를 담았었다. 그 의미대로 정말 원하고 바라는 것을 향해 참 많이 도전하고 발로 뛰며 "해 보는거야. 지금부터 시작이야" 나부터 새로운 역사를 써 보자 마음 먹은 대로 생각한 대로 실천파가 되었다. 이 세상 단 한번 뿐인 세상 지나고 나서야 '~할 걸' 하는 후회보다는 "나 더 이상은 못할 만큼 다 쏟아부었어." 할 만큼 시간이 갈수록 더 쏟게 된다. 어떨 때는 쓰러지겠다 생각이 들 정도이다.

'선생님으로 산다는 것'은 '아이들 가슴에 별 하나를 키우는 것'!
우리 아이들이 하나하나 피어나도록 도와주고 최선 다해 이끌어주는 단 한 사람의 운명같은 지지자로서 말이다.

올해 어느새 선생님으로 살아온 지 31년이 넘어섰다. 아직도 3년 차 신규 같은 마음인 데 이만큼의 세월이 흘렀다니... 50대 중반을 넘어 후반을 향해 가고 있는 지금도 여전히 가슴 설레이고 더욱 선생님으로 어떻게 살아가야 할 지 더 생각이 많아졌고 발로 뛴다. 그냥 스쳐지나 가듯이 건넨 한 마디가 함께 했던 경험이 운명 같은 기회가 되고 쪽지 몇 줄이 살아가는 희망과 힘이 되었다는 이야기를 들으면 절로 에너지는 솟아난다. 지난 달엔 학교에 오신 연주자 한 분이 아이들에게

'백조' 같다고 해서서 많이 웃었다. "지금 이 음악은 교장선생님을 닮았어요. 우아한데 분주하세요." 수면 아래 바쁜 발놀림이 닮았다고.

한 사람이 하나의 역사

한 사람에 하나의 별

70억 개 빛으로 빛나는 70억 가지의 world

BTS의 '소우주'라는 노래 속 가사이다. 우리 아이들 하나하나가 소우주이다.

자세히 보아야

예쁘다 오래 보아야 사랑스럽다

너도 그렇다

노래 가사 속에서도 나태주 시인의 '풀꽃' 시에서도 하나하나 이 세상에 특별하게 온 아이들, 존재만으로도 사랑스러운 아이들로 바라보게 된다.

"선생님은 어디서 그렇게 힘이 나요?" 가장 많이 듣는 질문이다.

"자가 발전소가 있는 것 같아요. 지치고 힘들 때 아이들을 만나면 저도 힘이 나요"

아이들은 옹달샘이다.

초롱초롱 빛나는 눈으로 웃음 가득한 얼굴로 재잘거리고 생각지도 못한 말과 표현, 쏙쏙 스며들어 퐁퐁 끊임없이 솟아난다.

'그 많은 세상 일 중 선생님이 된 나는 참 행복한 사람이다.'라는 생각이 든다. 저마다의 빛깔로 이 세상에 온 아이들!

두드리고 도전하고 기다리며, 아무도 가지 않은 길을, 내가 가고 싶은 길을 당당히 선택하고, 그 분야에서 Only One이 되도록 절대적 역할을 해 줄 수 있는 사람, 한 아이 인생을 지지하고 가장 큰 영향력을 미치는 꼭 필요한 한 사람이 되는 것은 얼마나 아름답고 엄청난 일인가.

 재작년 9월 교장으로서 첫 걸음을 내딛은 남원대산초등학교에서 또 다른 이름은 '사랑 향기 희망'이다, 15년 전 선생님으로 근무하며 맘껏 날개를 달고 펼치며 행복했던 학교, 다시 오고 싶었던 학교 대산초 교장으로 오게 되면서 첫 만남에 삼행시로 나를 맞이해 주고 사랑의 사, 향기에 향, 희망의 희 라고 표현한 이후 부터이다.나를 만나면 사랑과 향기 희망이 퍼지는 그런 사람이고 싶어서. 올 봄부터는 '사랑 향기 희망 비추미'가 되었다. 대산의 별들에게 빛을 비추어주는 비추미로 하면 좋겠다는 4학년 선생님의 말에 비추미가 덧붙여 더 마음에 든다.

 그렇게 아이들에게 비추미 교장으로서 아이들마다의 이미 이 세상에 갖고 태어났다는 숨은 보석 찾기를 첫 번째로 꼽고 선생님들과 학부모님들, 지역민들과 힘을 모아 가고 있다. 외부강사와 함께 하는 시간에는 자주 동행하고 교장실로 학년별 초대 만남의 시간을 갖고 이번 달의 도전도 정하고 글쓰기 시간도 갖는다. '나의 내일은 별처럼 빛난다' 교장실의 꿈 세움판과 '네 꿈을 맘껏 펼쳐봐' 매일 드나드는 현관의 꿈 응원판을 만들어 나를 생각해 보는 시간을 갖고 각 교실에서는 꿈 플래너를 쓰며 시간 관리와 자기관리 역량을 키워 가도록 아낌없이 돕는다. 스펀지 같은 아이들, 따뜻한 감성이 가득한 순수한 아이들과 함께 하는 시간들이 참 고맙고 뿌듯하다. '말대로 된다'는 말처럼 정말 이루어내고, 작은 정성과 따뜻한 말 한마디에도 달라지는 아이들을 만나며 난 참 행복하다. 전교생을 다 보듬어 안고 서로 지지와 응원과 격려 속에 보람찬 날들이다.

또 얼마 전 후배가 지어준 또 다른 이름이 생겼다. 사랑으로 보석을 깨우는 사람 '사보깨' 란다. 그 이름처럼 더 많은 사랑으로 바라보고 칭찬하고 격려하며 따뜻한 사랑 듬뿍 전해주고 싶다. '나'를 사랑하고 '너'를 존중하며 '우리' 가 함께 행복할 수 있도록 준비하고 성장하는 아이들로 자라면 좋겠다.

와~! 감탄사를 먹고 자란다는 아이들.

한 명, 한 명 알아주고 인정해주고 격려 속에 어느새 훌쩍 달라지는 아이들을 자주 만난다, 꼭 꿈을 이룬 사람 뒤에는 꼭 나를 알아주는 지지자가 있었고 살아가면서 단 한 명의 지지자만 있어도 우리 아이들은 바르게 성장한다고 한다. 나는 그렇게 아이들에게 '내 편'이 되고 싶다. 더 많은 관심과 정성으로 다가가 저마다 이 세상에 빛나는 별이 되기를 바라며 사랑 가득 담긴 자존감의 밥을 아낌없이 주고 싶다.

늘 만나는 사람들마다 자주 하는 말이 있다.

"우리는 그냥 이 세상에 오지 않는 대요. 신이 이 세상에 우리를 내보낼 때 그냥 보내지 않았대요. 우리 아이들도 모두 이미 온전하게 숨은 보석을 갖고 태어난 대요. 그 숨은 보석을 깨우는 일이 우리가 할 일이에요."

초등학교 때부터 선생님이 되고 싶었고, 그 꿈을 이루고 선생님으로서 살아온 세월, 오늘도 아이들과 눈을 맞추며 나의 역할과 사명에 대해 깊이 헤아려 본다. 정말 비추미 교장으로서 우리 아이들, 만나는 선생님, 학부모, 마을, 지역까지, 학교의 풀꽃까지 애정있게 바라보게 되고 정성을 쏟게 된다. 나와 만나는 소중한 인연과 사람, 자연, 무엇 하나 귀하지 않은 게 없다. 한자이름처럼 바라는 대로 향하며 지금 이 순간 새 역사를 쓰고 사랑향기희망 비추미, 사보깨로서 세상에 활짝 피어나도록톡톡 탁탁 더 많이 귀 기울이고 함께 하는 줄탁동시 어미 닭이 되고 싶다.

나는 말한다. 다시 태어나도 선생님 하고 싶다고. 이보다 값진 일은 없다고.

강동완 이름으로 마음 단단히 살아가기

강 한 미덕의 보석을 깨우고
동 글동글 남을 배려하는 인성을 지닌
완 전한 노력형 프로 축구 선수가 되겠습니다.

안녕하세요. 제 이름은 강동완입니다.
한자로는 굳셀 강(姜), 동녘 동(東), 완전할 완(完)입니다. 제 이름의 뜻은 굳세고 완전한 사람이 되라는 뜻입니다. 처음에는 제 이름의 뜻을 잘 몰랐는데 이번 기회를 통해 제 이름의 뜻을 정확히 알게 되었습니다. 제 이름의 뜻대로 삶을 살아가기 위해서 저는 다음과 같은 행동을 할 것입니다.
첫째, 힘을 키우기 위해 운동을 할 것입니다.
둘째, 편식하지 않고 골고루 먹을 것입니다.

셋째, 최선을 다해 열심히 공부할 것입니다.
넷째, 남을 배려하고 도와 드릴 것입니다.
다섯째, 가족과 함께 협동하고 사랑하며 살 것입니다.
여섯째, 존중하는 마음으로 책임감 있게 살 것입니다.
'그림책과 창의 음악' 자존감 키우기 수업에서 저는 또 다른 저의 이름을 지어보았습니다. 그것은 바로 '미덕의 보석'입니다. 미덕의 보석에는 존중, 사랑, 지혜, 자율, 책임, 감사, 용기 등이 있습니다. 저는 미덕의 보석들을 실천하면서 살아가고 싶습니다. 그래서 저의 또 다른 이름은 '미덕의 보석'입니다.

저는 최근에 미덕의 보석들 중 '용기'를 실천한 적이 있습니다. 최근 동물 사랑 큰잔치에서 글짓기 부문 대상을 받기 위해 전주에 다녀온 적이 있습니다. 연회장에서 대기를 하다가 상을 받으러 무대로 올라오라는 사회자님의 말씀에 수상자 학생 모두가 우물쭈물 일어나기만 하고 먼저 나서서 올라가는 사람이 없었습니다. 저 또한 다른 사람들처럼 눈치를 보다가 "내가 먼저 용기 내어 올라가자"라고 생각하고 무대 위로 올라갔습니다. 그러자 다른 수상자들도 저를 따라 무대 위로 올라왔습니다. 저는 당시 피리부는 사나이가 된 것 같았습니다. 그리고 저로 인해 시상이 진행되어 용기내길 잘했다는 생각이 들었습니다. 앞으로도 강동완의 이름 뜻대로, 미덕의 보석처럼 멋지게 살아갈 것입니다. (2021년 대산초등학교에서 만남)

만물을 소생시키고 싶은 아이, 소은정

소 소중한 내안의 미덕 보석들을 깨워서
은 은은하게 환한 빛을 내는 은정이가
정 정이 넘치는 작가 &카페 운영자가 되겠습니다

안녕하세요. 제 이름은 소은정 입니다. 이름의 뜻은 차조기 소(蘇 되살아나다) 지경 은(垠 땅끝, 벼랑, 낭떠러지) 정할 정(精 정성을 들여서 곱게 하다, 깨끗하게 하다) 입니다. 뜻을 푼다면 '땅끝까지의 모든 것을 곱게 되살리고 깨끗하게 하는 사람'입니다. 정말 좋은 뜻이죠? 제 이름에 이런 좋은 뜻이 있었다는 것을 얼마 전에 알았습니다. 저는 제 이름의 성의 뜻은 모르고 은정의 뜻만 알고 있었습니다. 은정의 뜻은 '땅의 경계를 정하다.'입니다. 땅의 경계를 정하다니, 저는 제 이름의 뜻을 알고 '내가 왕이 될 상이구나~!' 라며 자랑스러워했습니다. 하지만 이게 웬걸? 이름의 성까지 풀어서 해석하면 '땅끝까지의 모든 것을 곱게 되살리고 깨끗하게 하는 사람'이라니!

이 일을 과연 인간이 할 수 있을까요? 아니요. 인간은 이 일을 쉽게 할 수 없습니다. 하지만 신은 가능합니다. 여러분께서는 혹시 만물을 소생시키는 대지의 여신, 데메테르를 아시나요? 만물을 소생시킨다... 제 이름의 뜻과 비슷하지 않나요? 맞아요, 제 두 번째 이름은 '데메테르'입니다. 제 이름의 뜻대로 저는 우리 땅에서 나고 자라는 모든 생명에 관심을 가지고 환경보호를 위해 힘쓰고 있습니다. 올해 주기적으로 받았던 생태교육을 통해서 제 이름의 뜻대로 실천할 수 있었습니다. 아름다운 들꽃과 들풀, 동물들의 흔적, 물 속에서 살아 숨쉬는 생명들, 가족을 위한 희생적인 딱따구리까지... 자연의 소중함을 깨닫고 자연과 함께 살아가는 사람으로서 앞으로 매일매일 노력할 것입니다.

저는 제 이름만큼이나 제 주변 지인들이 좋습니다. 여러분은 제 이름의 정을 보면 무슨 생각이 가장 먼저 나나요? 저는 제 이름의 정하면 미운 정, 고운 정 이런 정이 가장 먼저 생각납니다. 저는 제 이름 세 글자 중 "정"이 가장 마음에 듭니다. 저는 누군가에게 정을 붙이고 친근하게 지내는 것이 행복합니다. 누군가와 대화를 나누고 사소한 것을 이야기하며 노는 것은 평범하지만 참 특별한 일입니다. 저는 가끔 이런 생각을 합니다.

'세상에 서로를 싫어하는 사람이 단 한 명도 없고 모두가 친하게 지낸다면 누군가가 상처받을 일은 없을 텐데... 모두가 항상 웃고 행복하다 느끼며 사는 세상은 정말 행복할 텐데...'

저는 누군가에게 정을 주는 것을 좋아합니다. 그렇다고 아무에게나 정을 주진 않습니다. 저는 누군가와 함께하는 것이 좋습니다. 우정도 애정도 저는 모두 필요합니다. 그리고 저는 이 모든 것을 누군가에게도 나눠줄 수 있는 그런 따뜻한 사람이 되고 싶습니다. (대산초등학교에서 만남)

이제는 설명할 수 있는 이름, 윤은혜

윤　윤리적인 삶을 위해 미덕의 보석을 깨우고
은　은은한 따뜻한 미소로 나의 강점과 장점을 잘 보완한
혜　혜성 같은 디자이너가 되겠습니다.

　　안녕하세요. 제 이름은 윤은혜입니다.
　　어렸을 때 어떤 친구가 저에게 "너는 왜 김은혜도 아니고 윤은혜야?"라고 물어본 적이 있습니다. 아버지 성이 윤 씨라서 윤은혜인데 그 당시에는 저도 제 이름의 뜻을 알지 못해 친구에게 설명해주지 못했습니다.
　　"윤은혜"라는 이름은 부모님께서 지어주셨는데 한자로는 '다스릴 윤(尹), 은혜 은(恩), 은혜 혜(惠)'입니다. 제 이름의 뜻은 따뜻한 마음으로 상대를 공경하고, 자비로운 사랑을 베풀고, 믿음직스럽게 다스린다는 뜻입니다. 뜻을 알고 나니 제 이름을 들으면 들을수록 점점 자랑스럽고 행복해집니다. 저는 제 이름의 뜻대로 따뜻한 마음가짐으로 다른 사람에게 은혜를 베풀고 반듯한 인성으로 겸손하게 살아갈 것입니다.
　　저는 2009년 3월 27일에 태어났습니다. 인터넷에 찾아보니 3월 27일의 탄생화는 "도움"이라는 뜻을 가진 "칼세올라리아"입니다. 특별하고 소중한 이름과 마음가짐을 가진 세상의 하나뿐인 특별한 저, 윤은혜는 그 의미를 살려 남에게 도움을 주며 베푸는 삶을 살 것입니다.
　　(2021 대산초등학교에서 만남)

입꼬리를 올려라

> 꽃에 햇볕이 필요하듯이
> 인간에게는 미소가 필요하다
>
> What sunshine is to flowers,
> smiles are to humanity.
> -J.애디슨 Joseph Addison-

처음으로 웃는 모습에 관심이 생겼어요

20여년 전에 한 여고생으로부터 받은 메일의 제목이다.

모교에서 학교를 빛낸 인물이라는 주제로 특강을 한후 정말로 학교를 빛내는 사람이 되고 싶다는 꿈을 품고 진학한 대학에서 아동복지 전공을 하며 청소년상담공부를 하였는데, 그 때 만난 청소년상담센터에 계신분의 의뢰로 실업계 학교에서 청소년 직장예절에 대한 강의를 하게 되었다.

자신의 이미지를 확실하게 변모시킬 수 있는 인사예절과 미소훈련의 중요성을 강조한 직장예절에 관한 강의 끝에, "나는 누구일까요?"라는 습관에 관한 작자미상의 글을 나누어 주면서 날마다 거울을 보고 '하헤히호후' 표정훈련을 해서 예쁜 표정을 만들면 나중에 원하는 직장에 들어가서 행복하고 즐겁게 일하고 있는 자신을 발견하게 될 것이라는 말로 습관의 중요성을 인식시켜 주었다.

  얼마 후 강의를 받은 한 학생이 메일을 보내 왔는데, 이 메일이 내가 좋은 강사로 거듭나는 계기가 되었다. 그 학생은 평소에 웃고 다니는 친구들을 보면 왜 사람을 보고 웃는거지? 라며 웃는 얼굴에 별 관심이 없었는데, 내 강의 시간에 미소가 인간관계에 얼마나 중요한 요소인지를 듣고 나서, 웃는 친구들을 살펴보니 정말 예쁘고 바라볼수록 기분 좋게 해준다는 생각이 들어서, 내가 나누어준 "습관"에 대한 글을 색연필로 다시 작성해서 거울 앞에 붙여놓고 "하헤히호후" 표정 근육을 만드는 연습을 해 보았다는 내용이었다. 이 일은 두고 두고 나에게 힘이 되었고, 강의를 할때마다 책임감을 느끼게 해주는 지침서 역할도 해주고 있다. 진심으로 누군가 내가 한 말에 변화를 결심하고 실천을 하고 있다는 이야기는 그 당시 나에겐 참으로 커다란 충격이었고 두려움이었으며 묘한 설레임이었고 알 수 없는 기대를 품게 해준 계기가 되었다. 당신에게도 이 책의 어느 한페이지가 당신의 마음속에 화학적 반응을 일으켜 원하는 성공의 길로 이끄는 습관을 만들게 되기를 희망하며 습관의 전문을 옮겨본다.

  당신을 만드는 것은 습관이다.

나는 누구일까요?

나는 당신의 영원한 동반자입니다.
또한 당신의 가장 훌륭한 조력자 일 뿐 아니라 가장 무거운 짐이 되기도 합니다.
나는 당신을 성공으로 이끌기도 하고 실패의 나락으로 끌어 내리기도 합니다.
나는 전적으로 당신이 하는 대로 그저 따라갑니다.
그렇지만 당신 행동의 90%가 나에 의해 좌우됩니다.
나는 당신의 행동을 빠르고 정확하게 좌지우지합니다.
나에겐 그것이 매우 쉬운 일입니다.
당신이 어떻게 행동하는지 몇 번 보고 나면 나는 자동적으로 그 일을 해냅니다.
나는 위대한 사람들의 하인일 뿐 아니라 실패한 모든 이들의 주인이기도 합니다.
나는 인공지능 기계처럼 정밀하지만 그렇다고 해서 기계는 아닙니다.
나를 당신의 이익을 위해 이용할 수도 있고, 당신의 실패를 위해 사용할 수도 있습니다.
그것은 나와는 아무런 상관이 없습니다.
나를 착취하십시오.
나를 훈련시키십시오.
그리고 나를 확실하게 당신의 것으로 만든다면
나는 당신의 발 앞에 이 세상을 가져다 줄 것입니다.
만일 당신이 날 가볍게 여긴다면, 난 당신을 파멸의 길로 이끌 것입니다.
내가 누군지 아시겠습니까?
.
.
.
나는 습관입니다.

SKILL

표정근육만들기

-입을 크게 벌리고 "하,헤,히,호,후"를 연속적으로 소리내어 5번 발음한다.
-하/헤/히/호/후/ 한단어 한단어를 발음한후 입을 다문다.
 이때 입꼬리를 올린다면 눈이 저절로 웃어질 것이다.

나처럼 해봐라 이렇게~~

> 때로는 기쁨이 미소의 근원이기도 하지만
> 때로는 미소가 기쁨의 미소가 되기도 한다.
> ―틱 낫한

까꿍강사

한동안 나는 많은 사람들에게 까꿍 강사로 통했다.

미소 훈련에 효과가 좋아 내가 많이 사용하는 "까꿍~"이라는 말이 많은 사람들을 기분 좋게 만들어 주어 모두에게 좋은 기억으로 남았기 때문일 것이다.

"까꿍~~"

태어난지 얼마 안 된 영아들에게부터 막 말을 하기 시작한 아이들에게 까지 까꿍~하는 인사는 어린 아이들에게 재롱을 떠는 어른도, 어른의 재롱을 바라보는 아이도 다 함께 즐거워하는 인사다.

이미지메이킹과 매너공부를 하던 시절에 까꿍은 "나처럼 해봐라"라는 뜻이 담겨있는 우리 조상들의 지혜가 담긴 인사법이라는 이야기를 듣고, 우리 인간들이 태어나 맨처음 배운 것이 웃는 연습이었다는 것에 스스로 놀란 기억이 난다.

그렇다. 미소야 말로 타인과의 관계에서 진심으로 필요한 매너라고 생각한다.

외모에 대한 관심을 보여주는 동안과 얼짱이 요즘 세상의 화두이다. 얼짱은 얼굴짱의 줄임말이다 인형처럼 예쁜 얼굴들이 TV안에나 TV밖 어디서든 흔하게 볼 수 있는 요즘, 얼굴이라는 단어는 '영혼', 정신'을 뜻하는 '얼'과 '통로'를 뜻하는 '굴'의 조합으로 만들어진 것이라는 것에 누가 신경을 쓰겠는가?

'영혼으로 통하는 통로'라고 해석 되는 얼굴에 세월은 걸맞는 나이테를 새겨주고, 사람들은 이 주름을 없에기 위해 눈물겨운 투쟁을 하는 이유는 좋은 표정을 지니고 싶어하는 욕망 때문일 것이다.

사람은 25세 이후부터 노화가 시작된다고 하니 일찍부터 얼굴 표정을 관리해야만 잘 살아온 인생의 증거가 얼굴에 남게 될 것이다.

나이가 들면 누구나 생기는 주름도 사랑하면서 오늘부터라도 누구를 보든 "까꿍"하고 먼저 웃는 사람이 되자. 성형의 의술을 빌어와 탄탄한 피부를 자랑하고 살게 되는 사람들이 많아진 세상이지만 주름진 얼굴일지라도 세상 누구보다 아름다운 삶의 주인이 되어있을 것이라는 믿음 또한 버리지 말고 입꼬리를 올려보자.

미소 짓는 것 만큼 아름다운 얼굴도 없으며, 활짝 활짝 잘 웃는 입가에는 탄력이 생겨 주름도 빨리 생기지 않는다.

'레미제라블'의 작가 빅토르 위고는 "인간은 웃는 재주를 가지고 있는 유일한 생물이다." 라고 말했다.

웃자!

입꼬리를 올리고 소리내어 노래하듯이 미소를 만드는 연습을 하자. 웃을 일이 있어서 웃는 것이 아니라 웃고 있으니 웃을 일이 생긴다.

웃으면 365일 매시분초가 기적이다. 미소보다 더 강한 전염성은 없고 미소보다 더 강한 아름다움도 없다.

검지 손가락을 입꼬리에 대고 귀를 향하여 끌어 당겨 올리는 표정 근육 연습을 날마다 하면, 자연스러운 미소가 얼굴에 배어나온다. 친절하고 신뢰가 넘치는 미소는 자신과 조직을 성장시킨다.

그냥 웃으려면 표정이 어색해 질 수 있기 때문에 어린아이를 보면 누구나 하는 "까르르 까꿍"을 이용한 미소 만들기를 소개한다.

아이를 향해 "까르르 까꿍"해보자. 모르는 사이에 얼굴에 환한 미소가 번져 있을 것이다. "나처럼 웃어봐라~" 라는 까꿍의 본디 뜻 처럼 까꿍을 해보자. 활짝 웃는 훈련을 위해서 발음을 "까~꿍~" 이라고 입을 옆으로 크게 벌리며 "나따라 해봐라~~까꿍^^." 거울보고 한번, 친구보고 한번, 날마다 까꿍으로 밝은 아침을 시작해 보자.

첫 인상을 좋게 줄 수 있는 가장 최고의 도구는 좋은 표정이다. 웃는 표정은 밝고 따뜻하고 친절하다. 좋은 표정은 웃는 표정이다.

표정은 가장 전형적인 비언어 커뮤니케이션으로, 감정, 태도, 느낌을 전달해준다. 좋은 표정은 꾸준한 연습을 통해서 만들어지며, 운명을 바꾸는 절대적인 힘을 가지고있다.

첫인상의 중요성을 강조할 때 흔히들 초두효과를 이야기한다. 처음 인식된 정보가 나중에 인식된 정보보다 강한 영향력을 미치는 현상을 말하는 초두효과 중에 콘크리트 법칙이 있다. 콘크리트는 한번 굳어지면 다시 틀을 바꾸기가 무척 힘들다는데서 가져온 것으로 한번 이미지화된 첫인상을 바꾸는데는 40시간 이상의 만남이 이어져야만 가능하니 첫인상을 좋게 해야 한다. 그런 첫인상이 1~2초만에 결정되는 시대가 되었다. 찰나의 시간에 사람들은 '호감'과 '비호감'의 경계에 선을 긋고 인간관계를 진행시킨다는 사실을 기억한다면, 대충 대충 되는 대로 사람을 상대 할 수는 없을 것이다.

대중교통을 이용하여 강의를 하고 다니던 시절 터미널안이나 전철, 버스 안에서 만나는 사람들의 얼굴표정은 참으로 다양했다. 특히 외국인이 바라보는 우리나라 사람들의 얼굴은 대부분이 표정이 없어 보인다고 하는데, 정말 그렇게 무표정한 사람들이 우리곁을 스치고 지나간다는 것을 생각하면, 문화권은 다르지만 외국 여행지에서 눈이 맞춰지는 사람들간에 입꼬리를 올리고 눈인사를 하는 모습이 부럽기는 하다. 그나마 미소와 인사가 후한 경우는 등산길에서 만나는 사람들끼리 인사를 나눌 때 인 것 같다. 재미있는 것은 정상이 얼마나 남았느냐고 누구에게 물어봐도 한결같이 다 왔다거나 조금만 가면 된다는 대답을 해준다는 사실이다. 수고하시라거나 감사하다는 인사를 미소를 가득 머금은 채 나누는 등산길을 일상의 거리나 회사로 옮겨오면 어떻게 될까? 혼자서 상상을 해보며 웃어본다. 웃음은 전염성이 매우 강해서 모르는 사람이라도 웃는 얼굴을 보고 있으면 아름답게 보이고 상대의 웃는 얼굴이 전해지면 나도 모르게 엉겁결에 미소로 답하게 되면서 기분이 좋아지고 행복해지는 것을 알 수 있다. 웃는 얼굴로 매일 매일을 보낼 수 있다면 그것은 매우 행복한 인생이라고 말하고 싶다.

웃으면 귀여워 보인다. 내가 그런 케이스이다. 항상 입꼬리를 올리고 사는 덕분에 귀엽고 당당해 보이고 매력적이라는 소리를 제법 많이 듣고 산다. 취업 면접이나 승진 면접 등에서 만난 면접관들이 이구동성으로 말하기를 웃는 얼굴로 들어오면 일단 자신감이 있어 보이고 성격이 좋게 보인다고 한다.

어린왕자를 지은 생떽쥐베리는 자신의 체험을 바탕으로 "미소(Le Sourire)"라는 단편소설을 썼는데 대략의 줄거리는 다음과 같다.

「한 사람이 전투 중에 적에게 포로가 되어서 감방에 갇혔는데 간수들의 시선과 거친 태도로 보아 바로 처형될 것이 분명했고 극도로 신경이 곤두서 두려움의 고통을 참기 어려워진 포로는 담배를 찾아 주머니를 뒤졌고 다행히 한 개비가 있었지만 성냥이 없었다. 그는 간수를 불러 "혹시 불이 있으면 좀 빌려 주십시오" 했더니 간수가 가까이 다가와 성냥을 켜는 사이 시선이 마주쳤는데 그순간 그는 자신도 모르게 무심코 간수에게 미소를 지어보였다고 한다. 그 미소가 간수의 입술에도 미소를 머금게 했고 담배에 불을 붙여준 후에도 자리를 떠나지 않고 이 사람의 눈을 바라보면서 미소를 지었다는 것이다. 이렇게 이 둘은 서로에게 미소를 지으면서 서로가 살아 있는 인간임을 깨달았고 간수가 그에게 "당신에게 자식이 있소?" 라고 물었고 그는 "그럼요. 있고말고요." 대답하면서 얼른 지갑을 꺼내 자신의 가족사진을 보여주었더니 간수 역시 자기 아이들의 사진을 꺼내 보여주면서 앞으로의 계획과 자식들에 대한 희망 등을 얘기했다고 한다. 가족의 얘기가 나오자 포로의 눈에는 눈물이 맺혔고, 그는 다시는 가족을 만나지 못하게 될 것과 내 자식들이 성장해 가는 모습을 지켜보지 못하게 될 것이 두렵다고 말했다. 간수는 아무런 말도 없이 일어나 감옥 문을 열고는 조용히 포로를 밖으로 끌어내었고 말없이 함께 감옥을 빠져 나와 뒷길로 해서 마을 밖에까지 포로를 안내해 주고 한 마디 말도 남기지 않은 채 뒤 돌아서서 마을로 급히 가버렸다」

 미소가 보여준 기적을 잘보여준 글이다.이미지메이킹에 있어 가장 중요한 요소는 단연 미소가 가득한 표정이다. 매일 아침 거울을 보며 입꼬리를 올리고 이야기 하자.

 "음~~난 참 멋지고 근사해~~"

 "날마다 좋은날~오늘은 더더 좋은날~~"

 거울 앞에 닮고 싶은 표정을 한 사람의 사진을 붙여 두는 것도 효과가 있고, 당신의 꿈대로 이루어지는 행복한 상상으로 표정근육 운동을 하면 좋은 결과를 가져온다.

어린 시절에 많이 불렀던 "리리리자로 끝나는 말은~ 미나리 개나리 보따리 해파리 유리항아리" 같은 당신이 알고 있는 리자로 끝나는 단어들로 늘상 흥얼거리고 다니는 것도 좋은 표정을 갖게 되는 비법중의 하나이고, 생각하면 기분좋은 사람들의 사진을 핸드폰 잠금 화면으로 저장해두고 자주 들여다 보며 활짝 활짝 웃어보는 것도 좋은 표정을 만드는 비법중의 하나다. 틈날 때마다 입을 크게 벌리고 "하헤히호후" 소리내서 훈련하는 것이며 "음흠~~" 하는 입꼬리 올리는 일을 매일 서너번씩 해보는 것도 효과적이다.

미국 UCLA의 알버트 메레비안 교수는 의사소통은 말하는 사람의 옷차림, 눈 맞춤, 자세, 제스처, 얼굴표정 등의 시각적 요소와, 말하는 사람의 목소리, 어조나 볼륨 등의 청각적 요소, 그리고 말하는 사람의 말 그 자체인 언어적 요소에 의해 이루어진다고 한다 〈"언어나 비언어적인 요소들이 의사소통에 미치는 영향'에 대한 연구〉그것을 100%의 비율로 나누어보면 시각적 요소가 55%, 청각적 요소가 38%, 말의 내용이 7% 이다.

이 연구의 이론은 이미지 메이킹이나 커뮤니케이션 분야에 있어서 널리 통용되는 것으로, 현대사회에서 취업, 입시면접, 사업설명회 등의 프레젠테이션에 있어서 비언어적 요소를 교육해야하는 중요성을 시사하고 있다고 본다.

아름다운 미소를 돋보이게 해주는 요소중에 하나가 메이크업이다. 요즘은 여성은 물론이요 남성도 가볍게 메이크업을 하는 세상이 되었다. 얼굴톤이 화사해지면 살짝 입꼬리만 올려도 미소가 돋보여 지고, 눈썹의 색이 조금만 진해져도 전체적 얼굴 윤곽이 더 도드라져 보여 선명한 의사결정을 할 것같은 이미지를 주기 때문인지 요즘은 시내의 크고 작은 메이크업 전문샵에서는 눈썹 문신과 속눈썹 연장 시술이 예약을 하지 않으면 안될 정도로 인기가 있다고 한다.

미소를 돋보이게 하는 메이크업은 놀랍게도 립스틱 색상이 아니라 눈화장이다. 역사상 가장 비즈니스커뮤니케이션을 잘했던 여성중에 한명이 클레오파트라라고 나는 생각한다. 로마의 권력자들은 그녀의 화술보다도 그녀의 표정과 함께 움직였을 그녀의 진한 눈썹과 짙은 아이라인의 움직임에 빠져들었던 것은 아닐까? 메이크 업을 통한 이미지메이킹에서는 롤 모델을 잘 찾는 것이 중요하다. 가까이에서 보고 배울 수 있는 대상을 찾아내는 것이 가장 큰 능력이며, 강렬한 색상의 립스틱보다는 얼굴표정과 미소를 돋보이게 하는 눈화장에 더 많은 시간과 공을 들이는 것이 비즈니스를 더 성공적으로 이끈다.

그러니 잊지말자.

어떤 메이크업과 복장도 잘 발달된 스마일~ 표정근보다는 멋지지 못하다는 사실을.

그러니 웃자.

나처럼 해봐라 이렇게^^~

SKILL

가수 패티김은 훤칠한 키와 수려하고 이국적인 외모와 뛰어난 가창력으로 사랑을 받아온 사람이다. 또한 그녀는 엄격한 자기관리로도 유명하여 한동안 우리 강사들의 입에서 좋은 사례로 구전되기도 하였다. 그중에 내가 기억하는 얼굴에 관한 자기관리 이야기는 지금껏 나도 따라서 하고 있는 비법이라 당신에게도 공유해본다.

사람의 얼굴은 나이가 들어갈수록 잠자는 습관이나 음식을 씹는 습관 등의 여러 가지 습관들로 하여 비대칭이 되어 가는데 그녀는 그사실을 일찍부터 알았는지 잠을 잘 때 고개를 반듯하게 두고 잔다고 한다. 한쪽으로 틀어진 자신의 얼굴을 다른 사람에게 보여주기 싫어서라는 이야기를 어느 교육에선가 들은 뒤로 나역시 매일은 아니지만 반듯하게 잠들려고 노력한다.

이런 이야기들은 사실 관계보다 내게 도움이 된다고 생각하면 실천해보는 것이 나의 오래된 습관인지라 당신에게도 좋은 표정을 위해 권하는 것이다. 실제로 한쪽으로 잠든 습관이 오래되면 당신의 얼굴도 한쪽이 더 쳐진 느낌이 들것이니 오늘 이순간부터 당신도 따라해보자 우선은 지금까지와는 반대쪽으로 누워서 잠드는 훈련을 해보고 어느정도 익숙해진후에 반듯하게 누워서 잠들어 보라 잠이 들고 난뒤에 다시 자세가 흐트러지는 건 어쩔수없지만 적어도 잠들기 전까지는 반듯한 당신의 얼굴을 위해 미키마우스의 입꼬리를 상상하고 미소 지은채로 잠들어 보자

작심 삼일도 괜찮다. 생각날때마다 실천해보자 그러다가 어느날 거울속에서 부드러운 미소를 늘 머금고 있는 당신의 얼굴을 만나게 될 것이다.

퍼스널 컬러와 패션 코디네이션

> 뜨락에 피어난 장미는
> 남의 눈을 끌려고 애쓰지도 않으나
> 사람들의 시선은 절로 거기에
> 머뭅니다.
> -이정하 (우리 사는 동안에 2)

컬러도 스피치다.

　내가 태어나고 자란 지리산 바래봉의 봄은 진달래꽃들이 산 밑둥을 감아 돌며 꽃불들을 놓았다. 그 모습이 하도 예뻐서 첫 번째 시집의 제목을 '꽃불놓는 진달래' 라고 정했을 정도로 개나리, 진달래, 목련을 선두로 싸리꽃이며 철쭉들이 지천으로 피어 웃는 곳이 바래봉이다. 꽃이 품어내는 색깔들을 보고 크면서, 화가가 되고 싶어 물감과 크레파스, 색연필 색종이를 끼고 살다가, 이미지메이킹 전문가 과정에서 CCI색채연구소 신향선 소장에게 퍼스널 컬러에 대한 이야기를 듣고 푹 빠져 들었다.
　스위스의 화가인 요하네스 이텐은 자신의 제자들이 옷의 색에 따라 얼굴빛이 달라지는 것을 발견하고는 한사람의 피부색과 사계절을 접목하여 '사계절 컬러 팔레트 이론'을 고안해냈다고 한다.

이렇게 피부색을 기초로 하여 머리카락 색과 눈동자 색을 고려하여 가장 잘 어울리는 최상의 색을 얻어내는 것이 사계절 컬러 팔레트이론인데 자신에게 어울리는 색을 착용하였을 때 가장 아름답고 세련되어 보인다는 사실에 매혹되었다.

퍼스널 컬러의 개념은 개개인 신체 색상에 따라 어울리는 색을 진단하여 그에 따른 색채유형과 이미지, 스타일을 분류해주고 패션과 뷰티에 적용하는 토털 코디네이션의 SCS(season color system) 이라고 보면 이해가 빠를것이다.

퍼스널 컬러의 장점은 얼굴색과 얼굴형을 보완하여 좀더 젊고 건강하게 보이게 하고 자신감을 높일수가 있다는 것이다. 컬러도 스피치인 것이다.

많은 사람들이 계절이 바뀔때마다 옷장을 열어보며 입을 옷이 없다고 생각한다고 하는데 나도 예외는 아니다. 그러나 퍼스널 컬러진단을 통해 자신에게 어울리는 색상과 스타일을 알게되면 스카프 한 장으로도 새로운 이미지를 연출할 수가 있어서 경제적인 효과는 물론, 차별화된 패션으로 전문가다운 활동 영역을 넓힐수가 있다는 것을 알기에 많은 클라이언트들에게 컬러진단부터 권한다.

계절에 따른 색상의 분류는 자연에서 가져오면 이해하기가 쉽다. 컬러이미지메이킹 전문가 과정에서 인연이 되어 나의 컬러공부의 스승이 되어주신 CCI색채 연구소 신향선 박사는 이분야의 독보적인 전문가시다. 신향선 박사의 이론을 옮겨보면,

"자연의 색은 계절마다 색상, 명도, 채도를 다르게 지니고 있어 봄, 여름, 가을, 겨울색의 특징이 구분되어 각각의 유형에 따른 주조색

(dominant color)을 지니게 되며, 사계절 색상은 크게 따뜻한 색과 차가운 색으로 구분하고 따뜻한 색으로는 봄과 가을 타입, 차가운 색으로 여름과 겨울타입으로 구분하는데, 봄과 가을 타입은 따뜻한 계열의 노르스름한 색을 지니고 있고 여름과 겨울타입에는 차가운 계열의 푸르스름한 색을 지니고 있다." 고 한다.

내가 컬러에 대한 이야기를 아무리 좋아하고 공부를 열심히 했다고 한들 반평생을 색채연구에만 전념해온 전문가의 이야기를 마치 내것인양 풀어쓰기에는 내 지식의 양이 많지 않아, 그분의 저서(신향선. 2002. 컬러 리더십 . 더난 출판) 에서 컬러전반에 대한 이해를 돕는 부분을 허락을 얻어 간추려 옮겨본다.

따뜻한 색상과 차가운 색상

모든 색은 대체로 따뜻한 색이나 차가운 색으로 분류되어 어느 한 쪽에 속하게 된다. 일반적으로 한색과 난색으로 구분하는 것은 색상에서 보여지는 일차적인 색의 온도감으로 구분하는 것이 일반적이다.
그러나 사계절 유형색상에서 따뜻한 색과 차가운 색은 기조색 (yellow base &blue base)의 혼합에 따라 달라진다.

따뜻한 색

따뜻한 색은 기본적으로 모든 색에 노란색(yellow base) 과 황색 (golden base)을 지니고 있는 것이 특징이다.
따듯한 색의 유형은 봄과 가을 타입으로 봄은 노랑과 흰색이 기본색으로 비교적 밝고 선명하며 온화한 것이 특징이고 가을은 노랑과 검정의 혼합으로 황색이 주조색을 이루기에 비교적 차분하고 가라앉는 색으로 풍부한 색채가 주를 이룬다.
따뜻한 색의 주요색은 아이보리, 코럴, 피치, 오렌지, 내츄럴베이지, 카멜, 골드, 브라운 계열등으로 온화하면서 색감이 풍부하여 감성적인 색이 주를 이룬다. 유일하게 따뜻한 색만 존재하는 것은 주황색과 골드이다.
이 두 색은 차가운 색과의 혼합이 되지 않는 색으로 여름과 겨울타입에는 어울리지 않는 대표적인 색이다.

차가운색

차가운 색은 기본적으로 모든 색에 푸른색(blue base)과 흰색, 검은색을 지니고 있는 것이 특징이다.

차가운새의 이미지는 정적이고 딱딱하며 모던한 것이 특징이다

일반적으로 파랑, 녹색계열이 차가운 색으로 규정하지만 빨강에도 차가운 빨강이 있듯이 파랑에도 따뜻한 파랑이있다

따뜻한 색의 대표로 노랑 역시 차가운 노랑으로 레몬 빛의 노랑이 있다.

바나나색의 노랑과 레몬의 노랑을 비교하면 레몬의 노랑에 흰색과 푸른색이 가미된것을 볼 수 있다.

봄Spring

봄타입의 기본 색은 노란빛을 지닌 색으로 빨간색, 파란색, 초록색 등 어떤 색상이든지 노란색을 지닌 따뜻한 톤이며 선명하고 강한 원색이 주를 이루고 밝고 화사한 색으로 생동감 있고 투명한 색으로 젊음을 나타낸다.

모든 계절의 색 중 가장 섬세하고 여린 색으로 소녀의 이미지을 지니고 있다.

봄의 색은 기본적으로 노랑을 기본 색으로 깨끗함(clear), 선명함(delicate), 맑음(bright)이 특징을 지닌 따뜻한 색이다.

봄은 가장 부드럽고 연한 톤으로 깨끗하고 신선한 이미지를 지닌다.

결코 흐리거나 너무 어두운 색은 아니다.

봄사람에게 어울리는 색상은 노랑을 기본(yellow undertone) 톤으로 한 따뜻한 색상으로 명도는 고명도와 중명도로 밝은 톤이며 채도는 고채도로 선명한 색이 주를 이룬다.

광택이 없는 것과 지나치게 어둡고 탁한 색은 포함되지 않는다.

봄의 대표적인 색은 선명한 비비드 색과 밝은 파스텔색이 주를 이룬다.

연산호색, 복숭아 색, 연두색, 주황색을 중심으로 모든색에 노란색이 가미된 색이다.

봄 사람이 피해야 할 색상으로는

흰빛과 푸른빛을 지닌 찬 색과 무겁고 칙칙한 색상은 피해야 한다.

특히, 찬 색 계열중 검정색과 흰색, 회색, 청회색, 청색, 은색, 와인색, 네이비, 카키, 마젠타등은 피해야한다. 빛이 바랜 흐린 색이나 강하고 짙은 무거운 색은 오히려 나이 들어 보이거나 생기가 없어 보이므로 어울리지 않는 색이다.

봄 컬러 이미지는 봄이 주는 그 느낌대로

귀여운이미지(pretty&romantic)사랑스럽고 달콤한 색으로 큐트(cute)하면서 로맨틱한 이미지를 지니고 있다.

경쾌한 이미지(cheeful) 젊음과 활동적인 이미지와 산뜻하고 가벼운 이미지로 생동감을 지니고 있다.

봄 타입 신체색상의 특징을 피부색, 눈동자색, 머리카락색으로 구분해 보면 다음과 같다.

피부색- 노르스름한 피부 + 옐로우 베이지

기본적인 색상은 따뜻한 색으로 노르스름한 톤(yellow undertone)을 지니고 있으며, 사계절 중 가장 섬세하고 연한 색이다. 노랑 바탕에 피부가 투명하여 복숭아 빛의 혈색을 지니고 있는 것이 특징이다.비교적 피부색이 투명하면서 밝은 톤을 지니고있다.

또한 , 볼 부분에 오렌지 빛을 지닌 주근깨가 자연스럽게 드러난다.

봄 사람의 머리카락색은 대부분 황갈색계열로 담황색, 옐로우브론디, 허니, 땅콩 빛의 레드, 골드 브라운 등으로 밝은 황색이 가미된 색이다. 봄의 머리카락 색은 기본적으로 회색 톤과 순 검정색은 지니지 않고 있다.

봄사람의 눈동자 색은 옅은 색과 파스텔 색이 많다.

골드 빛을 지닌 눈동자주의의 색으로 블루, 그린, 아쿠아 색이 혼합되어 있다.

기본적으로 밝고 투명한 눈빛을 지니고 있다. 동양인처럼 갈색 눈의 경우는 항상 골드빛을 지닌 색으로 헤즐러, 골드 브라운계열로 비교적 밝은 편이다.

가을Autumn

가을 타입은 따뜻하고 부드러운 이미지로 상대방에게 친근감과 편안함을 주는 이미지로 자연스럽고 고전적이며 여성스러운 이미지를 지니고 있다.

가을의 색은 따뜻한 색 중에서도 어둡고 흐린 톤으로 차분하면서 가라앉는 자연의 색으로 내추럴한 색과 깊이감 있는 고저스한 색이 주를 이룬다.

가을의 색은 전체적으로 황색 톤을 지니고 있기에 중간 톤에서 어두운 톤으로 봄의 색과 달리 어두운 색상으로 차분하고 자연스러운 색이 주를 이룬다.

골드나 황색을 기본으로 충만한, 따뜻한, 흙색, 짙음, 골드 색조가 특징이다.

가을은 가장 자연의 색에 가까우며 풍요로움과 편안함을 상징하는 따뜻한 색으로 지나치게 선명하거나 밝은 색은 속하지 않는다.

가을사람에게 어울리는 색상은

황색 빛을 지닌 골드를 기본(golden underton)톤으로 한 자연스럽고 차분한 계열로 색상은 골드, 황색을 기본으로 하고 명도는 중명도에서 저명도로 어두운 톤이며 채도는 저채도의 흐린 (탁한 색)색이 주를 이룬다.

그들이 피해야 할 색상은

찬 톤 계열과 검정색, 흰색, 너무 반사되듯이 선명한 색, 차가운 색은 들이며 특히, 은색이나 청 회색, 청 보라색, 원색은 피하는 것이 좋다.

색이 너무 선명한 원색이나 흰빛이 많이 가비된 페일 톤이나 비비드 톤은 어울리지 않는 유형이다.

가을 컬러이미지는

내츄럴이미지(natural)로 : 자연에서 느껴지는 색상으로 빛 바랜듯한 브라운과 그린계열이 주를 이룬 이미지이다.

고저스한 이미지(gorgeous)는 : 중후함과 화려함을 지닌 색으로 레드계열과 브라운계열로 고급스러운 이미지이다.

클래식한 이미지(classic&antique)는 : 고풍스럽고 전통적인 이미지로 차분하면서 가라앉는 이미지이다.

에스닉한 이미지(ethnic)는 : 토속적이고 소박한 이국적인 이미지로 자연의 강렬한 색을 지닌 이미지이다.

가을 사람들의 신체색상의 특징을 피부색, 머리카락색, 눈동자색으로 구분해보면 다음과 같다.

가을사람들의 피부색은 기본적으로 따뜻한 색으로 황색 톤(golden undertone)을 지니고 있으며

봄의 색보다는 짙은 피부색이다. 왜냐하면 황색을 포함하고 있기에 비교적 봄에 비해 농도 짙은 편이다. 전체적인 신체색상은 비교적 짙은 계열의 머리카락 색과 눈동자 색으로 인해 콘트라스트는 약하지만 깊이감 있는 신체색상으로 차분하고 가라앉는 주를 이룬다.

그들의 머리카락 색은 대개 어두운 색으로 짙은 적갈색과 검정이 주를 이루고 있다.

다른 계절에 비해 붉은 색이 많이 포함되어 붉은 머리가 많은 것이 특징이다. 그러나 동양인의 경우 검은머리가 많은 편이며 검정 색은 푸른빛이 드는 검정이 아닌 목탄처럼 불투명하나 빛과 적갈색 빛을 지니고 있다.

그들의 눈동자는 어두운 붉은 색을 지닌 브라운과 검정색이나 골든 브라운, 어번브라운, 다크브라운 계열로 깊고 어두운 톤이다.

여름 Summer

기본적으로 흰색을 지니고 있어 밝고 부드럽지만 반면에 파우더(powder)느낌의 불투명함을 지니고 있다. 전체적인 색상에 흰 기운이 있어 선명하지 못하고 흐린 편이다.
이러한 특징으로 색상간의 콘트라스트가 적고 파스텔 톤이 많아 색상이 비교적 부드러워 여성적 이미지를 지니고 있다.
여름 사람의 대표 색은 부드러운 파스텔 색과 자연스러운 내추럴한 색으로 핑크, 로즈, 마린 블루, 청회색, 블루진, 청록색, 라벤더 색 등으로 기본적으로 모든 색에 파란 색과 흰색이 가미된 색이다.

여름사람에게 어울리는 색상은
파랑을 기본(blue undertone) 톤으로 한 차가운 색상으로 흰색과 파란색을 기본으로 하고 명도는 고명도와 중명도이며 채도는 중채도에서 저채도로 흐린 색이 주를 이룬다.
전체적으로 흰빛을 지닌 파랑을 기본으로 한 불투명한 색으로 부드럽고 차가운 느낌의 핑크 색이나 연 하늘색인 색상이 튀지 않는 파스텔계열이나 화이트베이지, 연블루 계열, 연 회색 계열 이나 연보라계열 등으로 중간색이 주를 이루며 포인트로 자주색이나 초콜릿색상, 청록색이 주를 이룬다.

여름사람이 피해야 할 색상으로는

검정색, 퓨어화이트, 너무 어두운 색, 반사적인 색과 따뜻한 색인 금색, 오렌지색, 노란색을 바탕으로 한 밤색 등은 피해야 한다. 또한 지나치게 선명하고 강한 색은 어울리지 않는 색이다. 대표적으로 원색을 비롯해 옐로베이지, 골드, 오렌지, 옐로그린과 네이비, 마젠타, 블랙&화이트 등이다.

여름 컬러이미지는

부드러운 이미지(mild&soft)로 : 화이트를 기본으로 한 파스텔 톤으로 은은한 색조의 편안한 이미지와

엘레강스한 이미지(elegant)로 : 핑크, 퍼플, 와인계열이 주를 이루어 여성스럽고 고급스러운 이미지

시크한 이미지(chic)로 : 블루와 그레이를 가미한 색으로 정적이고 꾸미지 않은 그윽한 이미지와 화려한 이미지(luxurious&noble)로 : 엘레강스보다 색상이 선명하고 진한 톤으로 깊이감 있는 이미지가 있다.

여름 사람의 신체색상의 특징을 피부색, 머리카락색, 눈동자색으로 구분해 보면 다음과 같다.

기본적으로 차가운 색으로 붉으스름한 톤(rose undertone) 을 지니고 있다. 여름의 색이 선명하기보다는 부드러운 색으로 피부색 역시 밝은 색보다는 중간색이 주를 이룬다.

여름피부색은 대개 핑크 톤을 지닌 색으로 약간 붉은 톤의 피부색이다. 주근깨의 경우 회색빛을 지닌 갈색이다. 여름의 피부는 자외선에 노출되었을 때 쉽게 붉어지지만 피부색이 짙어지는 것이 아니라

다시 원래 상태로 돌아오는 특징이 있다.

　피부와 머리카락 색의 콘트라스트는 적고, 전체적인 느낌도 소프트한 인상이다.

　그들의 머리카락 색은 밝은 색에서 어두운 색 중 비교적 어두운 색보다 밝거나 중간색이 주를 이룬다. 동양인의 경우 기본적으로 갈색과 검정이 주를 이루지만 여름의 경우 짙은 색보다는 밝은 회갈색이 주를 이루고 있고 검정 색은 드문 편이다.
　여름 유형의 머리카락 색은 어릴 때는 밝은 색이 많으며 비교적 회갈색의 머리색이 주를 이룬다.
　그들의 눈동자 색은 서양인의 경우 대부분 블루, 그린 , 아쿠아, 그레이, 부드러운 헤즐러 색으로 기본적으로 선명하고 투명한 색보다 흐린 빛의 회색이 가미된 색이다.
　색상이 부드러운 콘트라스트를 지니고 있으며 회색을 중심으로 로즈브라운 색을 지니고 있다.

겨울Winter

　겨울 색상은 여름 색상과 마찬가지로 푸르면서 흰색이 기본 색상이다.
　푸른빛이 감도는 색 중에서도 강하고 가라앉는 느낌을 주는 색상이 겨울 색으로 선명하고 어두운 계열이 주를 이룬다. 특징을 보면 콘트라스가 강한 편으로 모던하고 심플하며 선명한 이미지를 지니고 있다. 겨울 색은 아주 밝거나 짙은 강한 색이 주를 이룬다.

　겨울의 색은 전체적으로 흰빛보다 푸른빛을 지닌 색으로 선명하고 강한 색이 주를 이룬다. 가을처럼 짙고 어두운 색이 주를 이루지만 반면에 페일 톤의 아주 밝은 색을 지니는 것이 특징이다. 중간색보다는 밝은 색과 어두운 색이 주를 이루기에 콘트라스트가 강한 편으로 여름의 부드러운 파스텔 톤과는 달리 강렬하면서 모던한 것이 겨울의 특징이다.

　겨울사람에게 어울리는 색상으로는
　파랑의 기본(blue undertone) 톤으로 검정과 흰색의 혼합으로 선명하고 강렬한 새이 주를 이룬다. 색상은 차가운 색으로 흰색과 파란색을 기본으로 하며 명도는 고명도와 저명도로 밝고 어두운 톤이며 , 채도는 고채도로 선명한 색이다. 따라서, 흐린 색이나 탁한 색의 중간색은 조화를 이루지 못한다. 푸른빛을 지닌 원색의 레드나 와인, 자주계열, 네이비 블루계열이나 청블루, 청회색, 청보라 등이 주요색으로 선명하고 강렬하면서 대조를 이루는 색이 잘 어울린다.

　겨울사람이 피해야 할 색상은
　따뜻한 색으로 불투명한 파스텔 톤이나 주황색계열, 밤색계열, 카키계열, 황색은 피하며 특히 탁하고 희미한 색은 어울리지 않으므로 피해야할 색이다. 흐리고 불투명한 색이나 중간색은 지루함과 답답한 이미지를 주기에 어울리지 않는 색상이다.

겨울 컬러이미지는

모던한 이미지(modern)로 : 무채색과 청색계열의 심플하고 정적인 색채로 현대적인 감각을 지닌 이미지이다.

중후한 이미지(courtesy)는 : 무채색과 블루, 보라, 와인계열이 주를 이루어 지적이고 보수적인 이미지이다.

다이나믹한 이미지(dynamic)는 : 원색과 검정의 배색으로 강렬하고 역동성을 지닌 액티브한 이미지이다.

겨울사람들의 신체색상의 특징을 피부색,머리카락색,눈동자 색으로 구분해 보면 다음과 같다.

겨울사람의 피부색은 기본적으로 차가운 색으로 푸르스름한 톤(blue undertone)을 지니고 있으며 다른 계절에 비해 유난히 희고 푸른 빛의 창백한 피부를 지니고 있다. 전형적인 겨울타입은 차갑고 콘트라스트가 강한 타입으로 핑크 톤의 흰 피부에 검정과 다크 브라운 머리카락색이다. 창백하거나 핑크 톤을 지닌 피부로 흰 피부가 주를 이룬다.

대표적인 색은 창백하고 흰 피부의 페일베이지계열과 핑크 빛이 도는 핑크베이지, 로즈베이지 계열이며 짙은 계열의 경우 회색이나 흑색 빛을 지닌 올리브 계열의 피부색을 지니고 있다.

겨울 사람의 머리카락 색은 푸른빛을 지닌 어두운 색이나 화이트 브론디, 실버 그레이, 밝은 회갈색에서 흑갈색이 있지만 대개는 짙은 블루블랙이 대표적인 색이다. 기본적으로 어두운 검정계열과 회갈색이 주를 이룬다.

겨울 사람의 눈동자 색은 밝거나 짙은 색이다. 동양인의 경우 유난히 검정색이거나 밝은 회갈색이며 여름타입에 비해 눈동자색상의 콘트라스트가 강한 편으로 뚜렷하고 선명하다. 깊고 어두운 검정이나 그레이 그린, 다크 블루 계열로 비교적 선명하고 어두운 톤이다.

컬러진단 요인분석

컬러드레이핑(color draping) 진단에 의한 사계절 유형분석은 색상별로 유형을 구분한 part별 컬러 진단 천을 통해 피부색의 변화와 얼굴형태변화를 조화요인과 부조화요인으로 분류하여 구분한다.

피부색 변화인자로는 색상에서 붉은색 감소/증가, 노란색 감소/증가를 구분하고 명도에서는 밝아짐, 어두워짐을 구분하고 채도에는 투명해짐, 칙칙해짐을 구분한다. 얼굴형태 변화인자로는 입체적과 평면적, 얼굴의 각이 부드러워짐과 두드러짐, 주름, 그늘이 옅어짐과 짙어짐을 구분하여 조화요인과 부조화요인을 분석한 후 유형과 베스트컬러를 진단하게 된다. (신향선. 패션&뷰티를 위한 color image making.국제. 2003.)

SKILL

실제로 취업 면접이나 승진 면접 또는 선거홍보를 위한 개인 컨설팅을 진행할 경우 좀더 자신에게 어울리는 컬러를 찾아주기 위하여 진단을 해보면 거울 속에서 변화되는 자신의 얼굴모습에 놀라움을 금치 못하고 탄성을 자아내는 클라이언트들이 많았던 것으로 기억한다. 그만큼 우리는 우리의 얼굴빛이나 형태가 본래 가지고 있는 것들의 영향도 있지만 그것들을 보완해주는 목 아래의 의상의 색상들에 의해 더 빛날수도 있다는 것을 기억하고 당신도 환하게 빛이 들어오는 공간에서 은색과 금색의 색지나 천을 당신의 턱 아래에 대어보자 그때 당신의 얼굴빛이 더 환하게 빛나는 컬러가 은색이라면 쿨 타입의 여름이나 겨울 사람일 확률이 높고 금색이 더 당신의 얼굴빛을 빛나게 한다면 당신은 웜 타입의 봄사람이나 가을 사람일 확률이 높을 것이니 앞에서 신향선 박사가 설명해준 어울리는 색상들의 스카프로 먼저 당신의 스타일을 점검해보자.

나를 특별하게 만드는 코디네이션

미국의 심리학자 레오나르도 빅맨은 한 가지 재미있는 실험을 했다. 공중전화의 동전 반환구에 미리 동전을 놓아두고 실험보조자는 약간 떨어져서 전화 부스를 관찰하고 있다가 사람들이 통화를 끝내고 그 동전을 자기 주머니에 집어넣으면 다가가서 "제 동전이 거기 있을 텐데... 혹시 보지 못했습니까?" 라고 질문을 했다고 한다. 남자 실험보조자들은 넥타이를 맨 정장차림이거나 도시락 가방을 든 허름한 작업복 차림이었고, 여자 실험보조자들은 산뜻한 정장 코트 차림이거나 허름한 블라우스와 스커트 차림이었다.

실험 결과 정장차림의 실험 보조자들에게 동전을 돌려주는 경우가 허름한 차림에 비해 2배나 더 많았다.

생물학에서는 형태가 기능을 결정한다고 하면, 사회생활에서는 복장이 행동을 결정한다. 예비군복은 신사도 짝다리를 하게하고, 츄리닝 바지는 숙녀의 말투도 바꾼다. 차림새는 타인으로부터의 평가뿐만 아니라 자신의 태도까지도 바꾼다. 세상에서 가장 아름답고 멋진 매무새란 내가 가는 장소와 상황에 알맞아야 한다는 것이 이미지메이킹의 초석이다.

미국의 전 대통령이었던 버락오바마는 "여러분은 내가 짙은 회색이나 곤색 정장만 입는 모습을 보게 될것입니다. 나는 무엇을 먹을지 무엇을 입을지에 관한 결정은 하고 싶지 않습니다. 소소한 일에 신경을 쓰면서 이 시대를 헤쳐 나갈 수는 없으니까요"라는 인터뷰를 한 적이 있다. 국가 경영의 대사를 해나가는 것과 양복 색깔이 도대체 무슨 관계가 있다는 말인가?

 검정색 정장을 입고 발표를 할때 베이지색을 입고 할 때 보다 발표 내용에 대한 신뢰감이 높다는 실험 결과에서 보는 것 처럼, 비즈니스를 하는 사람이라면 당연하게 옷차림과 색깔에 신경을 써야 한다. 색은 색깔 마다의 고유한 메시지를 전달하기 때문이다.

 벤자민 플랭클린은 "음식은 나를 위해 먹어야 하지만 옷은 다른 사람을 위해 입어야 한다"고 했다.
 패션은 첫 인상에서 자신의 개성과 품격을 표현하는 척도가 된다.
 평범한 외모로도 유달리 매력적인 사람들이 있다. 대개 지적이며 교양있고 좋은 매너를 가지고 패션 연출을 잘 하는 사람들이다.
 개인적으로 나는 핑크색에 가까운 보라톤의 정장을 입고 하이힐을 신으면 나도 모르게 더 당당해지고 왠지 모르게 자신감이 더 생겨 입꼬리가 저절로 올라간다. 누구나 어떤 옷을 입느냐에 따라 기분이 달라지는 것을 경험해 보았을 것이다.
 정장 스타일을 입었을 때는 마음이 차분해지면서 행동도 우아해지고 캐주얼 스타일을 입었을 때는 몸 움직임이 자유스러워져 마음도 쾌활해진다. 어떤 옷의 스타일을 입었는가에 따라 마음의 분위기가 달라지며, 상대방도 옷차림으로 그 사람의 개성과 취향을 읽게 되는 경우가 많다.

 패션은 외적 이미지를 강화시켜 자신감을 불어 넣어주며, 말과 행동에 몇 배의 힘을 부여해 타인으로 부터 신뢰와 지신의 성취감을 배가시켜 준다.

 시선을 집중시키고자 하면 때와 장소와 상황에 맞는 과감한 코디네이션을 하라. 비즈니스커뮤니케이션에서 코디네이션은 매우 중요한 요소다. 최상의 코디네이션은 개성을 당당하게 표현해주고 라이프 스타일을 자신감 있게 나타내 주며, 때와 장소와 상황에 배어들어 있는 것이다.

 오늘 베이지톤이나 브라운톤의 정장을 입었다면, 벨트나 구두와 가방도 베이지톤이나 브라운 톤으로 준비하는 것이 좋다.

 강렬한 색상의 코디네이션을 원한다면, 스카프나 넥타이등 액세서리 색상을 액센트 컬러로 활용하는것도 좋다.

 코디네이션은 워낙 논의의 주제가 광범위하고 다양하므로 여기에서는 '프레젠테이션과 색상의 연관관계'를 내 사례를 중심으로 기술한다.

 나는 강의를 할 경우 단색의 원피스와 자켓을 즐겨 입는다.

 점심 후 졸음이 오는 시간에는 초록색을, 신입생들의 강의엔 빨강색을, 누군가와 빨리 친해지고 싶은 느낌이 들때엔 주황색을, 시선을 집중시키고 싶으면 노랑색을 입는다. 이 색깔들은 에너지, 흥분, 환희의 감정을 유발하는 색상이라고 색채 전문가들은 설명한다.

 비지니스 미팅을 할때는 차분하고 시원하며 상대방에게 신뢰감을 주는 파랑색이나 남색, 청보라색 원피스로 코디를 한다.

　색채 심리학자들에 따르면, 인간의 기분과 심리상태는 몸에 걸치는 색상과 밀접하게 연관되어 영향을 받으며, 색채는 학습 될 수 있는 언어의 하나이므로, 업무 상황에 맞는 컬러 코디를 통하여 비즈니스에 좋은 성과를 얻어야 할 것이다.

　컬러 공부를 같이 하던 수강생중의 한분이 집중력을 향상시키는 색이 초록색이라는 말을 듣고, 아이 방 벽지를 초록계통으로 도배를 해 주었더니, 아이가 방에 들어가 공부를 하다가 아주 편안하게 잠들어 있더라는 일화도 있다.

　여기서 기술되는 색상의 마법들이 모든 사람 모든 환경에서 동일한 힘을 발휘하는 것은 아니라는 점을 이해하고 자신에 맞게 조금씩 변화시켜 가면 반드시 큰 도움을 받을수 있다.

　당신을 특별하게 만드는 것은 때와 장소와 상황에 맞는 코디네이션 이다.

　컬러도 말을 한다.

반듯한 자세도 패션이다

클라이언트에게 컬러진단을 해주고 베스트 컬러를 찾아내주어도 정작 자신의 옷을 사지 못하는 사람들이 꽤 있다. 그럴때는 자신에게 어울리는 스타일의 제품을 파는 옷가게 앞에 서있는 마네킹이 입고 있는 옷을 셋트로 구입 하여 착용하는 것도 옷을 잘입는 방법이다.

백화점에 가보면, 마네킹이 입은 옷들은 모두가 다 멋있고, 고객들의 구매 욕구를 자극하는데, 아마도 서있는 마네킹의 반듯한 자세가 큰 역할을 하는 것으로 보인다.

코디네이션에서 색상과 더불어 호감을 주는 자세가 중요한 이유이다.

입은 옷의 색상을 빛나게 만들어 주는 것은 다름 아닌 반듯한 자세이다. 품격은 반듯하고 단정한 자세에서 저절로 배어 나오는 향기다.

상상해보자.

누군가 깔끔한 용모와 뛰어난 화술 그리고 온화한 표정임에도 불구하고 구부정한 자세로 축 늘어져 걷는 모습을 보인다면 그 사람을 멋지다고 생각하기는 힘들 것이다.

길을 걸어 갈 때 어떤 자세로 걷고 있는가?

허리를 반듯하게 편 채로 빠르고 의식적인 페이스로 걷고 있는가?

아니면 어개를 꾸부정하게 하고 축 늘어진 모습으로 걷고 있는 가?

항상 주머니에 손을 넣고 다니는 것 은 아닌지? 오늘 한번 유심히 체크 해보자. 당당하게 성공하는 이미지를 자신의 것으로 그리고 있는 사람이라면 항상 활기차고 뭔가 일이 있는 사람처럼 힘 있게 걷는 일이 중요하다는 것을 기억하자.

　자세를 바로 잡는 방법은 다양하지만 먼저 몸의 균형을 잡는 훈련부터 해 보자. 벽에 등을 대고 어깨, 엉덩이, 발뒷꿈치가 모두 벽에 닿게 반듯이 10분정도 서 있다가, 그 자세를 유지한 채로 양손을 허리에 얹고 고정시킨 채 걸어본다. 부드러운 미소를 머금고 고개를 들어 정면을 보고, 아랫배 부분에 힘을 주고 엉덩이를 앞으로 5도 정도 당기면서 어깨는 편안하게 긴장을 풀고, 가슴을 들어 올려주며 다리를 쭉 펴서 허리 아래부터 움직여 무릎사이가 스치도록 걸어본다.
　위의 방법들은 방송모델을 전공하는 학생들이 배우는 방법으로 미인 선발대회, 선거, 취업 전선에서 좋은 성과를 보여준다.
　반듯한 자세도 패션이다.

빨강 Red

빨강 Red

강한 느낌이 필요할 때나, 겨울 철 꽃이 없을 때 자주 착용했던 주홍에 가까운 빨강색 원피스를 착용한 프로필 사진이다.

빨강을 좋아하는 사람은 삶에 대한 의지가 충만하고 열정적인 성향을 가지고 있다고 한다. 자극, 결의, 열정, 투지의 성향이 강하며 지칠 줄 모르는 에너지를 소유해 용기, 자유, 끈기, 열정을 몸소 실천하며 또 성공하고자 하는 강한 욕망을 가지고 있어서 생각하기 전에 행동으로 옮기는 경향이 있다고 하는데 맞는 말이다.나 또한 늘 저돌적으로 너무 빠르게 결정하여서 손해를 보거나 실수를 할경우가 많았으니 말이다.

그러나 나이가 든 어르신들께는 빨강색 속옷을 선물하라거나 기분이 우울할때는 빨강색 소품을 사용해보라는 전문가들의 이야기를 말하지 않아도 빨강이 가진 강점은 충분히 많이 있다. 블루데이를 만난 여성들에게 그날만큼은 신체의 어느 부분에 빨강색으로 된 소품을 놀라울 정도의 강한 에너지가 생길 거라는 주문과 함께 간직하라고 말해준다. 클라이언트 몇분에게는 회사에 있는 여직원들을 위하여 테이블위에 붉은 장미꽃을 장식해보라고 권하기도 하였다.

빨강색은 강한 캐릭터와 인간적인 성격의 소유자라는 이미지를 주며 활발하고 적극적인 행동파이며 지도자 역할을 할 만한 사람이라는 이미지도 함께 준다. 자신의 상황이 매스컴 관련자, 경영자, 건축가, 음악가, 무용가, 정치가등의 직업이거나 그러한 이미지를 주어야 할 경우라면 꼭 활용해보기를 권한다.

분홍 Pink

분홍 Pink

내가 연구소를 운영하며 가장 마음에 들게 디자인했던 사무실의 소장실에서 홈페이지에 올릴 사진으로 찍은 핑크빛 실크 블라우스를 착용한 사진이다.

남녀 모두에게 가장 여성스러운 색상 한 가지를 선택하라하면 대부분의 사람들은 분홍색을 맨 처음 이야기 할 것이다. 분홍은 실제로 여성들이 가장 여성스럽게 보이고 싶어 할 때 많이 활용하는 색상이다. 일본에서는 정신과 상담중에 우울증을 호소하는 여성중 경미한 상태의 우울증 신호를 보이는 혼자에게는 핑크요법이라는 색채 치료요법을 임상으로 활용하기도 한다고 한다. 예를 들면 분홍의 속옷이나 스카프 핸드백 등의 사용으로도 경미한 여성 호르몬이 발생하여 그 감정의 기복을 줄여주기도 하고 대부분 여성스럽게 행동하려는 경향을 보였다고 한다. 나 역시 감정의 기복이 심한 날은 핑크요법을 활용해 보았는데 정말로 효과가 좋아 아예 분홍색 침대 씨트와 이불을 구입해서 필요할 때마다 활용하고는 한다. 한 연구에 의하면 분홍을 선호하는 사람은 대개 부유하고 좋은 교육을 받았으며 삶의 즐거움을 누릴 수 있는 여유가 있고 충분히 보호받은 사람들이라고 한다. 파스텔톤의 연한 분홍색은 우아하고 품위가 있어 보이고 진한 분홍은 다소 유아적인 이미지를 보여주며 때로 정열적이고 강인한 성격처럼 보여지기도 한다

자신의 직업이 교육자 이거나 무용가 그래픽디자이너 또는 패션디자이너 ,작가, 미용사이고 발표주제가 여성스러움을 이야기 한다 라거나 대상이 여성들이라면 분홍색 스카프나 넥타이 등의 소품을 적절하게 활용하면 결과가 좋을 것이다.

주황 Orange

86 그자리에 있을만한 사람답게 입고 말하고 행동하자

주황 Orange

시낭송행사를 진행하기 전에 인증사진을 남기자며 모델 흉내를 냈던 사진이다.

주황은 식욕을 돋아주는 색상이다. 누군가랑 빨리 친해지고 싶을때 활용하라고 권하는 색상인데 전문가들이 말하기를 주황이 가진 색상의 의미가 쾌활함을 의미하고 빈부격차나 성격, 지위 고하를 막론하고 누구와도 사이좋게 지내는 사교성을 가진 색상이라고 한다.

실제로 주황을 선호하는 사람들은 친절하며 언제든지 미소를 띠고 있고 재치가 있으며 심오하지는 않으나 유창한 언어 능력을 갖추고 있다고 한다. 대표적인 사람이 방송인 유재석씨가 아닐까 싶다. 클라이언트 한분은 보험 판매를 하시는 분이였는데 주황색 넥타이와 소품을 활용하고 나서 확실하게 성과가 좋았다는 피드백을 주시기도 하였다. 아마도 상대방의 경계심을 풀어주는 색이 가진 심리적 요소가 작용한 것은 아닐까 싶다. 주황색은 집중시키는 면에서도 뛰어나며 세상의 주목을 받고 싶을 때에 사용해도 효과가 좋은 색상이라고 말 할 수 있다.

누군가랑 처음 만나거나 경계심을 풀고 빨리 친해지고 싶을 때 붙임성이 좋은 사람으로 보여주어야 할 때 자신의 직업이 건축가 ,디자이너, 엔지니어, 스포츠선수, 개그맨이라면 주황을 전략적으로 활용하자.

노랑 Yellow

노랑 Yellow

2019년 북아프리카 튀니지의 수도 튀니스의 유명한 전통식당을 방문하여 찍은 사진이다.

튀니지의 옛 왕족 중 한명의 저택이었다는 그곳에서 전통음식을 대접 받던 날 처음 방문하였는데 전통 문양이 새겨진 노랑색 대문이 방문객의 마음도 즐겁게 만들어주고 황금색은 왕족들의 색상인 것을 알려주는 의미도 함께 가지고 있었다.

노랑은 희망을 상징한다. 병원에 병문안을 갈 때 가장 좋은 색상이라고 한다. 노랑은 태양의 색으로 온화함과 기쁨을 상징하며 노랑을 좋아하는 사람은 노란색의 밝은 느낌 그대로 명랑하고 솔직한 성격을 지니고 있다고 한다.

아이들에게 다가설 때 라거나 웃음치료를 행하는 자리라면 노랑색 넥타이나 스카프의 활용은 즐거움이 넘치고 행복한 분위기로 주변사람들의 기분을 좋게 만들어 주어서 분명 좋은 결과를 가져다 줄 것이다,

자신의 직업이 영업직, 개그맨, 경영자, 컨설턴트, 카운슬러, 스포츠 애호가, 댄서, 유통업자 또는 언론인이거나 매스미디어 종사자라면 탁월한 의사소통 능력을 지녔다는 것을 알려주기 위한 자리에서 활용하기를 권한다.

초록 Green

초록 Green

어느 관공서의 강의장에서 교육생이 찍어서 보내준 초록색 원피스를 입고 강의하는 사진이다.

초록색을 착용한 것은 하루종일 강사를 바라보는 교육생들의 눈이 피곤해지지 않도록 배려한 옷차림이라고 소개하며 강의를 시작했을 것이다.

나는 중학생 시절에 녹색을 좋아한다고 이야기를 했다가 녹색을 좋아하는 사람은 자유연애 지상주의자라고 놀리던 친구의 말에 얼굴을 붉혔던 기억이 있다. 물론 확인되지 않은 이론이고 어느 책에선가 읽은 것을 그 친구는 시골아이들에게 자랑스럽게 이야기 했을 것이라 생각된다. 그래서인지 나는 개인적으로 녹색을 조심스럽게 생각했던 것 같다. 컬러에 대한 공부를 하고 나서야 자신감 있게 녹색을 선호하게 되었다. 녹색을 선호하는 사람은 사려가 깊고 민주적이며 대개 편견이 없는 편이라고 한다.

세련되어 보이고 예의가 있어 보이고 싶을 때, 겸손하게 보이고 싶을 때 안정감 있게 보이고 싶은 자리에 녹색원피스로 단장을 하고 나타나면 늘 원하는 평가를 받았으니 녹색은 잘만 활용하면 자신을 가장 매력적으로 보이게 하는 색상이라고 생각한다.

녹색은 공무원의 색상이라고도 말한다. 실제로 녹색을 선호하는 사람들은 스스로 윤리적인 기준을 적용하려는 경향이 강하므로 믿을 만하며 외교적 수완이 좋고 임기응변에도 강하고 상상력이 풍부하다고 한다.

자신의 직업이 교육자이거나 의사, 과학자, 문학가, 시인, 여행가, 레저, 스포츠 강사이면서 늦은 오후나 저녁시간이 발표의 시간이라면 녹색의 소품들을 활용해 볼 것을 권한다.

파랑 Blue

파랑 Blue

내가 사랑하는 조카딸이 시집을 가며 찍은 웨딩화보 중에 하나다.
대학시절부터 나와 함께 연구소 교육과 살림을 함께 해오던 인재다. 타고난 좋은 성품과 잘 갖춰진 매너와 뛰어난 실력덕분에 신의직장이라 불리는 좋은 회사에 취직을 했고 인생의 반려자를 만나서 시집가는 날 저렇게 예쁜 파랑색 드레스를 입었다. 아마도 누구보다 성실하고 신뢰감 있는 결혼생활을 하는 신부의 마음을 담아 남기고 싶었던 모양이다.
나는 개인적으로 가장 모범적인 사람이라고 표현하고 싶을 때 파랑색을 활용하면 효과적이라고 권하는 입장이다. 삼성의 로고가 파랑색인 것 또한 이 색상의 로고가 찍힌 제품은 충분히 신뢰할 수 있으니 믿고 구입 하세요 라는 메시지를 소비자에게 던지는 것이라고 설명할 정도로 파랑색은 진중하고 섬세하며 사려가 깊은 상태를 알려주는 색상이라고 이야기한다. 실제로 색채심리학자들에 이론에 의하면 파란색 성향의 사람은 뛰어난 지능을 갖췄으며 '진실한 영혼'의 소유자여서 생각이 깊으며 미리 생각하지 않고는 결코 행동으로 옮기지 않은 습성을 지녔다고 한다. 또한 결정적인 순간에도 차분함을 유지하며 정직, 신의, 성실이 이들의 주요 특징이라고 하니 상대에게 신뢰감을 주기로는 파랑만한 색상이 없다.
자신의 직업이 경영자이거나 사업가, 정치가, 예술가, 교육자, 변호사, 회계사 등이거나 신뢰를 주어야 하는 상황이라면 냉정하게 보일수도 있지만 사려가 깊고 독립적인 느낌과 더불어 겸손한 이미지를 전달하는 파랑 색상을 권한다.

보라 Purple

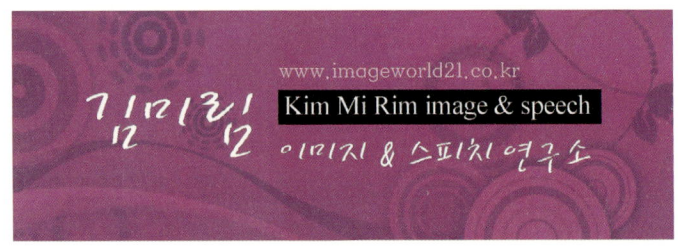

보라 Purple

청보라색 원피스는 강사로서 내가 가장 즐겨 착용하던 상징적 색상이라 대외적으로 홍보를 하는 경우나 프로필에 사용하던 사진이다.

나의 명함은 자보라 색상이 기본이다. 밝은 핑크의 느낌이 나는 보라 계통의 색상을 김미림이미지&스피치연구소의 주요 색상으로 선점하여 마케팅을 했기 때문에 우리 연구소를 홍보하는 서류에는 늘 보라색이 주를 이루는 로고가 들어가 있다. 그 이유는 딱 하나다 "우리 연구소의 프로그램은 다른 교육프로그램과 다른 특별한 무엇이 있다"가 그 이유이다. 보라색은 특별함을 강조할 때 사용하는 색상이다. 왕족의 색상이 보라색이며 성직자들이 보라색을 사용 할 때도 마찬가지로 그 특별함을 강조할 때 사용한다고 한다. 백화점의 특별 고객을 나타내는 VIP 카드의 색상도 보라색이고 카타르 항공사의 비즈니석 티켓이 보라색인것도 그 연유라고 설명할 수가 있을 것이다. 더구나 나는 강의를 하면서 처음 가게 되는 곳에는 꼭 보라색 원피스를 입고 가고 연구소의 이승윤 대표에게도 넥타이나 행커치프를 보라색으로 착용하고 가게 하여 우리 연구소 홍보를 의도적으로 했었다. 적어도 우리를 만났던 교육생들은 길을 지나다가도 보라색을 보면 '김미림이미지연구소' 이라는 이름을 떠올리게 하는 것이 내 목적이었다. 가끔은 신뢰감을 주어야 하는 프레젠테이션 교육을 할 경우 청보라색 패션도 즐겨 입는다.

자주색과 보라색은 섬세하며 우아한 색의 대표적인 색상이며 섬세하고 뛰어난 취향을 가지고 있는 특별한 재능이 있고 예술이나 철학과 같이 고상한 일을 좋아한다는 것을 상대에게 인식시키고자 할 경우에 가장 효과적인 색상이라고 말할 수 있다. 다만 협동이 필요한 조직 안으로 들어가기에는 부적절한 색상이므로 성직자라거나 왕족처럼 다른 사람들 앞에서 상징적으로 활동하는 사람이나 상황에서 가장 돋보이고 효과가 좋다는 사실을 기억하자.

자신의 직업이 배우이거나 화가 무용가, 예술가, 음악가, 철학자, 인테리어 디자이너, 컬러 분석가 등이거나 사람들을 집중시키며 끌어당겨야 하는 매력이 필요한 상황이라면 자보라의 색상을 활용 할 것을 적극 권한다.

검정Black

검정Black

2004년 전국 레크리에이션 대회 의전 및 시상식 행사를 진행했던 사진이다.

올 블랙의 드레스로 청중의 시선을 사로잡은 날이기도 하지만 빌려 입은 드레스가 너무 길어서 거의 19센티 정도 되는 하이힐을 신고 하루종일 입꼬리를 올리고 있던 덕분에 겸임교수로 스카웃된 날의 증명 사진이기도 하다.

행사장에서 사회를 볼 경우나 강사의 이름으로 타인의 앞에 섰을 경우 가장 무난한 색상이 검정이다. 장소, 상황, 주제에 특별하게 신경 쓰지 않아도 그 자리에 어울리는 색상이며 검정이 주는 다소 권위적인 느낌이 앞에 서서 이야기하는 사람이 착용하기에 좋은 색상이기도 하다. 다만 면접관이나 상사가 있는 곳에는 가능한 피해야 하는 색상이다.

검정을 좋아하는 사람은 스스로를 신비로운 인상으로 또 고귀하고 위엄 있게 보이기를 원한다. 권위에 집착하는 경향이 있어서 협동적이지 못하고 고독감에 빠지기 쉽고 특정 관념과 원리에 집착하기 쉬우며 적개심을 타인에게 발산하는 경향이 있다고 한다.

솔직하지 못하며 명랑한 기분을 조절하는 능력이 부족해서 사람들에게 그리 인기를 끌지 못한다고 하니 특별한 자리가 아니라면 목적을 분명하게 가진 자리에서만 착용해보자.

검정색을 싫어하는 사람들이 많은데 이는 검정이 죽음과 절망의 색이라는 사회적 인식 때문이다.

검정을 좋아하는 사람은 매우 남성적이고 적극적인 행동으로 늘 리더가 되어야하는 성격을 보여주며, 예의가 바르고 의리가 있으며 인정도 많지만 권위적 성향을 가지고 있다.

한 분야의 대가, 학문의 권위자, 작가, 디자이너가 어울린다.

흰색 White

흰색 White

2009년 전북 도청에서 있었던 전북 시낭송 대회 행사진행시 착용한 흰색 드레스 사진이다.

커다랗고 넓고 깜깜한 무대 위에 마이크를 든 사람에게만 라이트가 집중되는 그런 시스템이었고 시낭송에 참가한 분들이 형형색색 아름다운 드레스차림이었던 덕분에 온통 하얀색으로 준비한 내가 더 돋보였던 순간의 모습이다. 돋보여지고 싶은 행사나 강의에는 하얀색 드레스 차림이나 흰색의 정장차림으로 나타나면 모두의 시선을 독차지 하는 효과를 확실히 누렸으니 흰색은 어느 곳에서나 가장 완벽한 패션을 선보여줄 수 있는 색상이다.

흰색 하면 떠오르는 사람은 패션 디자이너 앙드레 김이다. 그분은 가장 한국적인 색상으로 흰색을 선택하시고 한국을 알리는 외교사절단 관 같은 심정으로 우리민족의 흰색을 착용하셨다고 한다. 실제로 색체심리학자들의 이론에 의하면 흰색을 좋아하는 사람은 원숙하지는 않지만 항상 완전함을 추구하며 높은 이상을 가진 이상주의자이고 완전주의를 관철하고 순수한 정신을 존중하며 소속된 세계에서 최고가 되는 것이 삶의 목적이며 보람이라고 하니 앙드레 김의 흰색 사랑은 그냥 패션으로 보기에는 높은 이상과 숭고함이 숨어 있었음이 분명하다.

자신의 직업이 사업가, 카리스마 있는 경영자, 학자, 요리사, 미용사 이거나 완벽함을 알리고 싶은 상황 또는 숭고함을 전달하는 상황이라면 흰색의 소품을 활용 할 것을 권한다.

회색 Gray

회색 Gray

2006년도에 정예현 아나운서(현재 강원 CBS방송국 대표이사)와 함께 진행했던 전북지역 60세 이상 어르신들로 구성된 '은빛 합창단'의 정기공연 행사진행 사진이다.

은빛이 도는 회색의 정장을 입고 은빛합창단 행사를 진행 하셨던 정예현 아나운서야 말로 때와 장소와 주제에 알맞은 복장의 활용을 제대로 하셨던 분이다. 그날 처음 회색의 정장이 고급스럽고 어떤 색상보다 우아하며 아름다울 수 있다는 것을 알게 된 날이기도 하다.

사람들은 이도 저도 아닌 중간지대를 회색지대 라고 한다.

실제로 연한 은회색은 검정과 흰색의 중간색으로 타협의 색이며 자신의 에너지를 소진하는 일 없이 평화를 추구하는 색이라 자신의 주장을 드러내기 어려운 자리에서 가장 겸손하게 보일 수 있는 색상이라고 할 수가 있다. 하여 젠틀맨의 색이라고도 할 수가 있다.

색상 연구가들에 의하면 회색 성향의 사람들은 모든 일에 신중하고 늘 진지하며 균형을 유지하고 분별 있는 세련된 성격을 가지고 있고, 회색 성향의 사람들은 급하게 일을 처리하지 않으며 부당하게 어느 상황에 매달리지도 않는다고 한다. 회색을 좋아하는 사람은 보이지 않게 남을 도와주며 조직적 경영 능력을 높게 평가받고 만인에게 사랑받는다고 하니 당신이 기업 경영자나 핵심 경영인, 지적 직업인이라면 뛰어난 비즈니스맨의 이미지를 잘 전달해주는 연한 회색의 정장을 착용해보기를 권한다.

SKILL

자신의 얼굴에 어울리는 색상으로 옷차림을 완성하였을 때 우리는 자신도 모르게 허리를 반듯하게 세우고 당당한 표정으로 사람들앞에 서있게 될것이라고 생각한다. 하니 당신도 스스로를 빛나게 하는 패션 스타일을 찾아보자. 우선 기본적으로 당신의 가방과 벨트와 구두의 색상을 통일하자 그것만 같은 느낌의 색상이어도 당신의 패션스타일은 근사해져 있을 것이다.

그러나 지금 당장 그렇게 가지고 있는 가방이나 구두나 벨트를 갖추기가 여의치 않는다면 당신 몸을 감싸고 있는 모든 색의 숫자를 3가지 이내로 줄여보자 스타일이 무엇이든 상관없다. 전체적으로 같은 느낌이 들게 하여 하나의 색상인듯한 차림이면 더할나위 없겠지만 총3가지 색상을 벗어나지 않는다면 당신은 이미 멋쟁이의 대열에 들어선 것이다.

MIRACLE MANNER

다른 사람을 좋은 태도로 대하는 것이
바로
당신 자신을 위한 일이다.

When you are good to others,
You are best to yourself.

-Benjamin Franklin

젠틀맨은 품격으로 말한다

"내가 그의 이름을 불러주었을때 그는 나에게로 와서 꽃이 되었다."

김춘수 님의 꽃 이라는 시의 한 구절이다

우리는 누군가에게 의미 있는 사람이 되고자하며, 그런 이유들로 첫 인상은 매우 중요하다.

나 또한 첫인상 덕분에 좋은 일과 좋은 인연을 많이 만났다.

내 강의는 늘 "제 옆에 앉아주셔서 고맙습니다"라는 인사를 하게 하는 것으로 시작한다. 옆자리에 앉아서 강의를 같이 듣는 것이 당연하게 받아들여지는 일상에 감사를 한다는 것은, 세상의 모든 일에 감사할 준비가 되어 있는 것이다.

〈매너가 성공을 부른다〉는 주제로 시작한 공개 강좌에서 서로 옆에 앉은 사람에게 고마움을 표현하는 것이 성공을 부르는 최고의 매너라고 강조한다.

벗이여
이제 나를 욕하더라도
올 봄에는

저 새 같은 놈
저 나무 같은 놈이라고 욕을 해다오
봄비가 내리고
먼 산에 진달래가 만발하면
벗이여
이제 나를 욕하더라도
저 꽃 같은 놈
저 봄비 같은 놈이라고 욕을 해다오

나는 때때로 잎보다 먼저 피어나는
꽃 같은 놈이 되고 싶다.

정호승 시인의 '벗에게 부탁함' 전문이다.
시인의 말처럼 비즈니스를 하면서 상대방으로 부터 대접 받고 싶은 대로 상대방을 대우하는 것! 비즈니스 매너란 이런 것이다.

비즈니스에서 좋은 매너는 얻고자 하는 목표에 다가가는 지름길을 열어준다. 매너는 상대방을 배려하는 마음에서 나오는 모든 행동과 언어이다. 상대방을 불쾌하지 않도록 정해놓은 언어 및 행동 양식인 에티켓과 가끔은 혼용이 되든데, 문장으로 둘을 구분하는 것이 쉽다. "에티켓을 지켜라", "매너가 좋다/나쁘다/있다/없다"

"저는 매너 있게 보이나요?
종종 매너로 누군가를 평가하는 일이 있는데, 매너강사로 초빙되어 강의를 가면, 기관의 담당자나 기관장이 이렇게 묻는 빈도가 높다.

 매너는 한마디로 단정지어 평가하기 어려운 종합적이고 총체적이며 몸에 배어 밖으로 나오는 태도라고 할 수 있다.
 마치 어린 시절 언제 어디에 있든지간에 부모님을 욕 먹이는 행동을 하면 안 된다는 가르침이 몸에 배었 때, 예의가 바르다 라는 평가를 받는 것과 같다.
 나의 경우에는 예의바른 행동과 군더더기 말씀 없이 단정하고 엄전한 표정으로 정중하게 사람들을 대하셨던 어머니, 사람들을 좋아하고 대접하는 것을 좋아하시던 할머니, 친절한 말씀과 표정을 가지신 아버지가 자라면서 보고 배울 수 있는 좋은 롤 모델이자 교과서 였다.

 매너는 외워서 써먹는 지식이 아니고, 마음에서 우러나오는 상대방에 대한 존중과 배려의 언어와 행동 표현이 오랜 시간 몸에 배어 자연스럽게 표출 되는 것이기에, 주변에서 좋은 매너의 롤 모델을 찾아 따라 배우는 것이 효과적이다. 매너의 학습은 습관으로 형성 될 때까지는 의도적이어야 하고, 의지를 수반한다.
 매너는 상대에 대한 존경과 애정을 갖고 있을 때 진정성이 더 깊게 전달되며, 매너가 일상에서 에티켓이나 습관으로 행해지는 사람들을 품위 있다고 말하게 된다.

 〈강의장에 모인 고성과 직원들은 대부분 특별하게 외모가 뛰어나거나, 좋은 디자인의 옷을 입을 거라는 예상과는 달리, 대부분 단정하지만 평범한 느낌의 외모와 옷차림을 갖추었는데, 몇 시간을 지켜보니 늘 잔잔한 미소가 얼굴에 가득하였고, 쉬는 시간에도 서로를 챙겨주는 것이 몸에 배여 있었으며, 강사에게도 지난 시간과는 다른 음료수를 챙겨다 주는 섬세함이 있음을 알았다.〉

 이것은 어느 유명한 강사가 보험회사의 고액성과를 낸 직원들만 모여 있는 교육장에 가서 보고 느낀 것을 기록한 이야기이다.

 고액 성과의 비결은 좋은 매너라는 것을 집단이 증명 해 준 사례이다. 성공을 위해서는 좋은 매너를 가진 사람의 이미지를 만들어야 한다.

 단정하고 안정적인 그레이를 연상시키는 젠틀맨은 몸에 배인 품격으로 말한다.

> "모든 것을 그대로 내버려두어라
> 단지 그대의 삶에 한 가지를 더 보태라
> 지금까지 그대는 삶에 오직 물질만을 보태왔다.
> 이제 그대의 존재에 뭔가를 보태라
> 그러면 그것이 음악을 가져오고
> 기적을 일으키며 마술을 행할 것이다.
> 그리고 새로운 스릴과 새로운 젊음
> 새로운 신선함을 가져다 줄 것이다.
>   - 오쇼 라즈니쉬의 〈라스니쉬의 명상건강〉중에서 -

Tip

에티켓
인간사회에서의 합리적인 행동기준 이되는 예의 범절과 기본적으로 지켜야할 예의규범을 이름

매너
타인에 대한 배려와 존중에 대한 형평성을 기반으로 만들어 졌우며 행동하는 방식이나 자세, 태도, 버릇. 몸가짐과 일상생활에서의 예의와 절차를 이름

비즈니스 매너
인간사회의 기술이 발전할수록 인간적인 접축이 중요해지고 다양한 형태의 네트워크로 구성이 되어 있으므로 성공적인 비즈니스를 위한 비즈니스매너가 중요해짐

인사는 내가 먼저

> 인사를 잘하는 사람은 좋은 인간관계를 맺을 수밖에 없다. 인사를 잘한다는 것은 다른 사람의 '존재'를 긍정한다는 것을 뜻한다. 한마디로 인사 잘하는 사람은 배려심이 깊다는 말과 일맥상통한다.
>
> - 김태광의 《인사》 중에서 -

관공서에서 직장 생활을 하던 시절에 나는 '하루에 열 번 만나면 열 번 다 인사하고, 지나가는 사람 뒷 꼭지에도 인사를 하는 사람' 이라는 말을 들었다. 그 바탕에는 첫 직장인 유아 웅변학원에서의 경험이 깔려 있다. 내가 갓 스물이 되던 그때는 전주에서의 유아교육은 웅변학원에서 도맡아 하던 시절이다. 아침마다 원생들은 참새처럼 재잘거리며 배꼽인사로 나를 반겨주었다. 고향을 떠나 타지에서 시작한 첫 직장 생활에서 아이들의 인사가 얼마나 소중하고 큰 위안이 되었던지, '인사는 내가 먼저'를 외치는 인사 전도사가 되었다.

'매너 있는 사람' 의 첫 이미지는 예의 바르게 인사를 하는 모습이다. 인사에는 눈을 맞추며 고개만 살짝 숙이는 목례(15도), 허리를 숙여 인사하는 보통례(30도), 애경사나 면접의 장에서 자주 활용하는 정중례(45도)가 있다.

인사는 인간관계의 시작이다. 내가 고개를 숙일수록 상대도 고개를 숙이는 법, 인사를 할 상황이라면 최대한 정중하게 허리를 숙여서 인사하자. 인사에 있어서 모범이라고 할 만한 모델이 우리 연구소의 이승윤 대표이다. 누구를 만나든 발 뒷 굼치를 모은 후 정중하고 깎듯하게 인사를 건넸고 그의 인사를 한번 받은 사람들은 확실하게 그를 기억했으며 인사법이 얼마나 중요한지를 깨달았다고 입을 모았다.

그에게도 롤 모델이 있었다고 하니, 주위의 누군가를 모델로 삼고, 보고 배우며 실습을 하는 일은 정말 중요하다.

〈인사는 말인사부터, 몸 인사는 상대와 눈을 마주친 후에〉
인사를 주고 받을 수 있는 상황이면 위의 문장을 기억해서 인사의 효과를 챙기도록 하자. 상대방을 만나게 되면 입 꼬리를 올리고 경쾌한 음성으로 "안녕하세요"라고 말인사를 하여 눈 맞춤을 한 후에 고개를 숙여 몸 인사를 한다. 상대가 인사를 받을 준비를 하게 하는 것도 배려이다.

인사말 중 최고는 단연 '고맙습니다', '감사합니다' 이다. 이 인사말은 우리 연구소의 슬로건이었고, 함께 일을 하던 강사들은 지금은 모두 자신이 원하는 자리에서 크고 작은 사업체의 대표로 성공하여, 이 인사말을 전파하고 있다.

비즈니스 매너의 목적은 예의 범절을 잘 지키기는 것 이상의 비즈니스상의 모든 관계가 원만하게 이루어져 원하는 비즈니스를 잘하기 위해서이다.

소장님~~(^0^)

크리스 마스는 잘 보내셨는지요
저는 어느때보다 행복한 크리스마스를 보냈답니다.
소장님이 제게 주신 귀한 말씀 중에... 항상 부모님께 감사하라는 말씀......
그 말씀 때문에 올해는 아주 행복하게 부모님과 보내면서 행복해하고 뿌듯
해하는 부모님을 뵈며 다시 한번 소장님께 감사하는 마음을 느꼈답니다.
제게 강사가 되고 싶어서 가슴 뛰며 시작했던 그 느낌을
되살려 주신 소장님‼
올 한해를 소장님과의 인연으로 마무리 할 수 있어서 진심으로 행복합니다.
내년에는 소장님께 더 배우며, 더 느낄 수 있고, 더 감동받을 수 있도록 제
마음을 소장님과 함께 하고 싶습니다.
부족하고 부족한 저를 관심과 사랑으로 지켜봐 주시는 소장님‼!
실망시켜드리지 않도록 최선을 다하겠습니다.
혹, 제가 실수하거나 부족한 부분이 보인다면 애정의 질책도 부탁드립니다.
다른 사람의 행복을 빌며 행복해 하시는 소장님‼ 정말 멋지세요‼
겉모습 뿐만 아니라... 마음까지 닮아가도록 노력하고 싶습니다.
사랑합니다.
김*애 올림

    이렇게 예쁜 편지를 보내주던 그녀는 지금 나보다 더 훌륭한 강의를 전국적으로 하고 있는 교육센터의 대표가 되어 있다.

"김미림은 대중교통을 이용하여 강의를 다닌 덕분에 환경부장관상을 수상한 강사다."

이런 소개에 대부분은 '에이~~' 하는 반응을 보인다. 대중교통 이용한다고 환경부 장관상 받았겠는가? 실상은, 국립환경인력개발원 토론 스피치 교육과정에서 매너 이미지메이킹교육을 맡아서, 전국에서 집합한 공무원들에게 서로 인사하고 악수하는 교육을 하며 첫시간을 스팟을 활용한 창의적 교수법으로 매너이미지메이킹 강의를 하였는데, 내 강의가 끝나면 교육생들 간에 대화와 접촉이 많아져 서로가 더 친해질 수 있었다는 평가가 많았다.

6년이라는 긴 시간동안 교육장인 인천과 전주 사이를, 강의 때마다 버스를 갈아타며 오르내리면서 과정 평가를 좋게 나오도록 하는데 기여했던 것에 대한 선물 같은 상이다. 실제로 최근까지 차를 운전하기 전에는 대중교통으로 전국을 누비며 강의를 해야 했고, 전국의 택시, 버스, 기차, 비행기, 배는 모두 나를 위해 존재한다는 너스레를 떨며 터미널과 대중교통 안에서 얻어진 생생한 사례들을 강의의 소재로 활용하였다.

지금 되집어 생각해보면, 이때 과정을 운영하는 매 순간 순간은 인사로 가득 차 있었던 것 같다. 연수원 구내 식당과 강의장에서 만나는 모든 사람들에게 먼저 "안녕하세요 맛있게 먹겠습니다. 맛있게 먹었습니다 좋은하루 되세요" 등의 인사를 건네며, 자연스럽게 몸에 배여지는 매너와 이미지 메이킹의 실습이 되었던 것 같다. 이후 전국적으로 초빙되는 매너이미지 강사가 된 것은 강의를 잘 해서였을 뿐만 아니라, 미소와 인사로 구성된 비즈니스커뮤니케이션을 잘해서 얻어낸 결과이다.

> 끝인사를 하지 않고 헤어지면상대방의 기분을 상하게 할 수 있다.조금만 관심을 기울이면 얼마든지 기분좋게 헤어질 수 있다.상대방에게 "그럼 또 뵙겠습니다. 수고하십시오." "오늘 말씀 정말 고마웠습니다. 큰 힘이 되겠습니다." "바쁘신데도 이렇게 시간을 내주셔서 감사합니다." 같은 끝인사를나누는 순간 상대방과 관계는 더욱 친밀해진다.끝인사 속에 상대방을 존중하는 마음이담기기 때문이다. 아무리 바쁘더라도끝인사는 잊지 말아야 한다.
>
> - 김태광의 《인사》 중에서

모든 비지니스 상황에서 끝인사는 결과를 수확하는 중요성을 갖는다. 면접 컨설팅에서 많이 강조되는 것도 정중한 끝인사이다.

나는 매컨설팅마다 '감사합니다' 라는 말 인사 후에 면접관과 눈을 맞추고 허리를 숙여 인사한 후 면접장을 나오는 훈련을 익숙 해 질 때 까지 반복시킨다.

관공서, 은행, 기업 등에서 고객 서비스 모니터링을 할 때, 가중점이 높게 주어지는 것이 고객응대를 마무리 하는 끝 인사말이다.

실제 서비스모니터링 사례를 보면, 대면이거나 전화 응대이거나 첫 인사는 그런대로 잘하는데 끝인사를 제대로 하지 않아서 낮은 평가를 받는 경우가 있다.

인사란 사람 인人자와 일 사事 자로 만들어진 단어이다. 인사는 사람이 하는 일이다. 예의범절을 이야기 할 때 인사를 논하며, 인사하는 모습에 담긴 내면의 친절, 정성, 감사, 사죄의 태도를 보고 진정성을 판단한다.

전통예법인 절은 '상대를 높이기 위해 나를 낮추는 것'에서 출발한다. 인사에 진정성을 담는 방법은 충분하게 인사하는 나를 낮추는 것이다. 인사는 내가 먼저, 말인사로 눈빛을 나눈 후에, 정중하게 고개를 숙이는, 몸 인사를 나누자.

Tip

인사의 5대 원칙
1. 인사는 내가 먼저
2. 상대를 바라보며
3. 밝은 표정과 큰 목소리로
4. 존중의 마음을 담아서
5. 상황에 맞는 인사말과 함께

당신의 마음을 상대에게 전하는 악수

주먹을 쥐고 있으면 악수를 할수 없다는 인디라 간디의 말처럼 악수는 손바닥을 상대에게 펼쳐 보이는 소통의 몸짓언어이다.

"미국에 주재해 있을때 대통령이 접대하는 절차는 어떠했으며 접견할 때마다 악수로 인사를 하던가?"

고종은 1889년 미국주재 전권대신으로 있다 돌아온 박정양에게 이렇게 물었다. 한나라의 황제의 자리에 있으면서 서양의 문화예절을 배워서 밀려오는 서양문물에 대처하려한 고종황제의 마음이 엿보이는 대목이다.

인사를 하고 나면 보통은 악수를 하게 된다.
서로가 무기가 없는 빈손이라는 것을 보이기 위한 동작에서 출발했다고 하는 악수는 지금은 전 세계적으로 일반화된 인사법이 되었다. 눈을 마주보며, 오른 손을 내어 감아쥐는 단순한 동작이지만 짧은 시간에 체온과 피부감촉, 쥐는 힘을 통해서 전해지는 메세지가 만만치 않기 때문이다.

동아프리카의 르완다에서 살던 시절에 이웃 국가인 콩고에서 발생한 에볼라 바이러스가 전 세계를 두려움에 떨게 하는 사건이 있었다.

그때 르완다에서는 악수 대신 두 손을 합장하는 인사법을 정부차원에서 계도를 하였고, 코로나 방역 체계에 있는 지금은 주먹을 마주대거나 팔꿈치를 갖다 대는 인사법이 악수를 대신 하고 있다.

악수는 누군가를 처음 만났을 때도, 오랜만에 아는 이를 만났을 때도 반가움에서 습관처럼 한다. 지인들간의 편한 악수가 아니라면 악수에도 방법이 있다.
첫째, 미소와 함께 상대방의 눈을 바라보며 허리를 곧게 편다.
둘째, (원칙적으로) 오른손을 내민다
셋째, 상대의 손등을 적절한 힘으로 감싸쥔다.
넷째, 2~3초간 상하로 가볍게 흔든다. 상대가 여성일 경우에는 생략한다.

악수는 누가 먼저 청하는가? 일반적으로 상황별로 다음과 같이 통용된다.
첫째 그 장소에서 가장 손 윗 사람(연장자, 선배)이 손아랫사람(연소자, 후배)에게
둘째 여성이 남성에게
셋째 상급자가 하급자에게
넷째 기혼자가 미혼자에게
악수를 하며 갖추어야 할 매너 요소는 미소, 눈 맞춤, 적당한 거리와 힘 그리고 리듬이다.
상대의 손가락 끝을 조금 잡고 흔드는 시늉만 하는 경우, 상대의 손

을 너무 강한 힘으로 꽉 잡는 행위, 자신 쪽으로 끌어 당기는 행위, 손가락으로 상대의 손바닥을 긁는 행위 등은 하지 않도록 유의 한다.

실제 강의에서 질문이 가장 많은 분야가 악수매너였다.
"나보다 높은 사람과 악수할 때 두 손을 잡고 고개를 숙여야 하나요?"
"악수할 때 손 흔드는 힘의 세기는 어느 정도가 알맞나요?"
"상대가 악수를 하자고 손을 내밀었는데 그와 악수를 하고 싶지 않다면 어떻게 해야 하나요?"
"손에 땀이 많이 나는데 악수할 때마다 참 고역인데 이럴 땐 어떻게 하지요?"
"동창회가면 꼭 얄미운 녀석들이 있는데 그 친구들과 악수로 기 싸움을 하게되요 이럴 때 악수는 어떻게 하면 될까요?"

윗 사람과 악수를 할 때도 한손은 바지 옆선에 살짝 주먹을 쥔 채 단정하게 두고 한손만 내밀어서 상대가 손을 흔드는 리듬에 따르면 되지만, 두 손이 저절로 나간다면 어찌겠는가? 그 또한 마음인 것을.
악수하고 싶지 않은 상대가 손을 내밀었다면, 표가 나게 내색하기 보다는 미소와 함께 정중히 인사를 하거나, 두 손을 합장 한 후 가슴에 대고 허리를 숙여 인사를 한다.
유독 손에 땀이 많이 나는 경우에는 악수를 하기 전에 손수건이나 자켓의 주머니쪽에 손바닥을 한번 닦아내며 "제가 손에 땀이 많아서요" 라는 말과 함께 손을 내밀어 악수를 하게 되면, 다한중에 대한 공감 있는 이야기를 할 수 있어 쉽게 말문을 틀 수도 있다.

Tip

악수 5대 원칙

1. 미소 Smile
2. 눈맞춤 Eye Contact
3. 적당한 거리 Distance
4. 리듬 Rhythm
5. 적당한 힘 Power

나~이런 사람이야~

처음 명함을 만들었던 날이 생각 난다.
1992년 시문학 우수상으로 등단을 하여 모임에 참석하는데 인쇄한 명함이 없어, 문구점에서 명함 크기의 축하 메세지 작성 카드에 스티커 사진을 붙이고, "아름다운 세상을 꿈꾸는 시인 김미림입니다" 라는 문구와 함께 전화 번호를 적은 수제 명함이었다. 지금도 그때 명함을 받으셨던 분들은 그 명함을 버리지 않고 가지고 계신다고 한다.

명함은 첫 만남에서 자신이 누구인지를 알리는 자기소개 카드이자 홍보물이다. 지금은 디지털명함을 사용해서 핸드폰을 대기만 하면 명함을 교환하는 앱도 있다고 하며, 앞으로는 악수 만해도 명함이 저절로 교환되는 앱이 나올 수도 있지만. 여전히 우리는 명함 지갑에서 꺼내는 명함을 교환하고 있다.

명함 교환시 유용한 팁으로는 명함 지갑에서 명함을 꺼낼때, 자신의 이름이 상대방에게 잘 읽힐 수 있도록 넣어두고, 명함은 두손을 사용하여 상대방이 읽는 방향으로 전달한다. 명함을 교환하는 상황에서 명함을 찾느라 허둥대지 않도록, 명함 지갑의 위치를 확인해 두며, 상대방이 명함을 찾느라 당황을 할 경우에는 "천천히 받겠습니다" 라는 말로 무안함을 덜어 준다. 내가 겪은 경험에 따르면, 이러한 경우가 종

좋 있었고, 천천히 받겠다는 말에 상당한 감사를 느낀다는 것을 알았다.

당신의 직책이 기록된 업무용 명함 외에 이름과 연락처만 기록된 사교 명함에는 컬러를 넣어서 활용해보는 것도 상대방에게 좋은 인상을 주는 방법중에 하나이다.

SKILL

지금 당신이 가진 명함을 옆에 두고 10년 후 명함을 만들어 보자
당신이 상상하는 가장 근사한 삶을 명함 속에 그려보자.

글로벌 비즈니스 매너

> "상대방의 관점에서 보라"
> "그래, 바로 그거야.
> 그건 사람에게 다가서는 첫번째 예의이기도 해.
> 진심을 담기 위해서는 자기라는 그릇부터 비워 놓아야 하는 거라네.
> 같은 눈으로 세상을 보면 상대방이 얼마나 기뻐하겠어.
> 부부든 연인이든 친구든 회사 선후배든 마찬가지야."
> — 한상복의 《배려》 중에서 —

로마에 갔다면 로마의 법을 따르자.

매너는 어떤 상황에서 무엇을 어떻게 해야 한다와 무엇은 하면 안 된다로 나뉜다. 국내라는 상황에서는 수 십년씩 익숙한 같은 문화 환경에서 생활을 하였으니 저절로 그 구분이 되지만, 국경을 넘어서면 문화 환경이 서로 달라 구분에 대한 공부를 하지 않으면 알 도리가 없다.

일반적으로 통용되는 국제매너는 글로벌 선도국가인 서양 중심의 것이 널리 알려져 있고, 비지니스 환경이 대부분 영어, 프랑스어 혹은 스페인어를 사용하는 서구문화 환경이다 보니, 비지니스 세계에서는 회의, 행사, 식사, 가정초대 등에서의 자세, 호칭, 복장, 금기 등이 글로벌하게 모든 나라에서 보편화 되어 있고, 익숙해져 있다.

다만 특정 국가에서 비지니스를 해야 하는 상황이 되면, 그 나라에 대해서 역사, 사회, 문화 등 인문학적 지식과 생활, 풍습, 놀이 등 일상의 지식을 잘 익혀서, 비지니스가 성공하는데 도움이 될 수 있도록 한다.

잊을 만 하면 해외뉴스에 등장하는 중국인들의 해외에서의 화장실 사용 추태는 실은 중국내에서는 그렇게 이어져 오는 자연스러운 화장실 문화였다는 것을 알고 나면, 우리나라 사람들이 해외에 나가서 상대와 빨리 친밀도를 높여야겠다고, 나이와 가족관계를 중심으로 호구조사를 하는 것도 이해가 가는 일이다. 하기는 요즘 MZ 세대는 국내에서 조차도 사생활과 개인의 경계에 대한 인식도 명확하고 글로벌 플랫폼으로 소통하는 덕분에 타고난 글로벌 인들이라고 할 수 있다.

글로벌 매너는 이것이다 라고 정리하기에는 너무 다양하고 상황적이어서 이 책에서는 내가 겪은 사례들을 기술해 본다.

나는 아프리카에서 6년 정도 생활을 하면서 행사와 만찬 참석, 가정 초대등을 했었고, 많은 유럽 국가들을 여행하며 현지국 사람들을 만나면서 '사람과 사람 사이의 관계'로서 현지 매너를 경험하고 관찰 할 수 있는 기회가 있었다.

르완다에 있을 때 이야기 이다. 살고 있는 집 주인이 풍채가 당당한 여장부 국회의원이었는데, 하루는 집주인과 한국의 방문객을 같이 초대해서 저녁을 먹다가, 적당히 시간이 지나서 대화가 무르익어 갈 즈음에, 한국의 방문객께서 집주인에게, "패트리샤, 근데 몇 살이세요?" 라고 질문을 던지자, 페트리샤 할머니는 재치있게 "여자 나이는 묻는게 아니에요" 라고 유머로 넘기는 것을 본적이 있다. 나이로 손위와 아래를 가리고 시작하는 한국의 문화가 여실히 튀어나온 사례이다. 글로벌 매너의 첫 규칙은 사적인 자리가 아니면 사적인 대화는 묻지도 말하지도 않는 다는 것이다.

 한번은 르완다 정부 장관과 부부간에 만찬을 하게 되었는데, 악수와 프랑스식 인사인 비주bisou를 잘 나누고, 대화를 이어나가는데, 장관이 "미세스 신"으로 시작하는 말을 꺼내 길래, 나한테 하는 말이 아닐 거라고 정신을 놓고 있었더니, 남편이 사태를 짐작하고 "미세스 신은 박사야, 그러니까 Dr.김으로 불러야 알아듣지"라고 웃으면서 지나간 적이 있다. 내가 김미림인데 갑자기 미세스 신이라고 하니, 서양에서는 결혼하면 남편 성을 쓴다는 걸 배웠지만, 막상 들으니 실감이 안 나는 것이었다. 거기다가, 부부동반 모임에 한쪽이 형편상 참석하지 못 할 경우라면 누구라도 같이 짝을 맞춰야 한다는 것도 익숙해지기 힘든 매너였다.

 복장은 오히려 단순하다. 특별히 드레스 코드를 통보 받지 않은 공식 석상에 초대 받을 경우에는 정장을 입으면 된다.

 공식적인 식사에 초대 받아 참석하는 경우에도 정장, 즉 남성은 더블자켓 차림을 여성은 원피스나 드레스를 입는다.

 다수 국가의 사람들이 참석하는 국제행사에서는 자국의 전통복장을 입어도 되며, 호스트일 경우에는 더욱 더 그러하다.

 파티나 시상식과 같은 사회행사의 경우에는 색상도 검정색이나 검정색에 가까운 색상을 선택한다. 복장의 색상은 입은 사람의 심리와 의지를 나타내 보이므로 참석하는 자리가 어디냐에 따라 신중하게 잘 선택한다.

국제사회에서 상대국과 회의를 하게 될 경우 상대국의 국기에 있는 색상의 넥타이를 착용하는 것이 가장 무난한 글로벌 매너다. 국가별로는 색상이 갖은 의미들이 독특할 수 있어 주의가 필요한데, 중국의 경우 황금색 계열은 피하도록 한다. 중국에서 노랑색 계열인 황금색은 황족만이 착용하는 색상으로 인식되기 때문이다.

회의석상에서의 자세에 대한 이야기다.

두손은 테이블 위로 올라와 있어야 하는데, 팔굼치까지 팔을 다 올리지 않도록 한다. 펜을 사용하면서 "볼펜돌리기"를 하는 습관이 있는 사람이라면 아예 메모를 하지 않는게 방법이다.

악수에 대한 매너는 국내에서와 같다.

국제사회에서 만나는 상대는 악수에 익숙한 문화의 사람이므로, 직위와 관계없이 허리를 반듯이 세우고 상대의 눈을 똑바로 쳐다보며 미소를 머금고 손을 내밀어 악수를 한다.

가끔 손을 내미는 여성에게 고개를 숙여 손등에 입맞춤을 할 때는 상대 여성이 치마정장을 입었을 때만 한다.

행사장에서나 길에서 이동하면서 마주친 사람과 대화가 필요할 경우에는 주변 타인을 방해하지 않도록 배려하여, 한쪽으로 비키거나 다른 약속을 활용한다. 공공장소에서는 타인을 배려하는 공중도덕과 예절을 지켜야 하는 것은 사생활을 강조하는 서구 문화에서는 지극히 강조 되는 사항이다. 일행이 이동하는 경우에도 서너명이 옆으로 서서 길을 막고 걸어가는 것도 보기 힘들었고, 음식을 먹으며 걸어가는 것도, 거리에서 대놓고 화장을 고치는 것도, 공항이나 식당, 카페에서

빈 의자에 짐이나 가방을 올려두는 것도 보기 힘들었다.

비행기에서는 승무원의 환영인사는 "Thank you" 하고 가벼운 미소와 함께 받아주고, 배정된 좌석이 아닌 빈자리로의 이동은 승무원에게 물어봐서 하고, 기내의 화장실은 사용하기 전의 상태로 되돌려 놓고, 문 앞에서 기다리는 사람이 있다면, 기다리게 해서 미안하다는 인사를 한다.

승무원의 도움이 필요하면 손짓이나 고함을 치지 말고 호출버튼을 이용하고, 좁은 기내에서 본의 아니게 몸 끼리 부딪히는 경우에는 즉각적으로 "sorry"를 발음 한다.

호텔은 정해지고 계약된 서비스를 제공하는 공공장소이다. 호텔에 내것은 아무것도 없다는 것이다. 방키를 잘 보관해야 하고, 샤워부스가 별도로 없는 욕실에서는 샤워 커튼을 욕조 안으로 집어넣어서 사용해야 배수구가 없는 욕실 바닥에 물이 넘치는 낭패를 피할 수 있다.

객실청소에 대한 1$의 팁과, 식당에서는 밥 값의 10%정도 팁, 짐 가방을 들어주는 도어맨에 주는 팁도 한국의 국격을 높이는 글로벌 매너이다.

너무 익숙해진 나머지 한국의 호텔에서도 1$를 내미는 실수는 하지 말자.

Tip

글로벌매너의 원칙
-상호존중의 원칙

-종교적 신념의 원칙

-지역 (Local)규칙의 원칙

서양의 호칭 및 경칭
-대등한 위치 : 호칭으로 이름 사용

-Mr (Mister) 남성에게 붙이는 경칭

-Mrs(Missus): 결혼한 부인의 이름앞에 붙이는 경칭

-Miss: 미혼여성의 이름 앞에 붙이는 경칭

-Ms(Miz): 결혼 상태를 모르는 경우 이름앞에 붙이는 경칭

-Sir: 자신보다 나이나 지위가 높은 상대방에게 경의를 나타내는 남성의 경칭

-Ma'am: 자신보다 나이나 지위가 높은 상대방에게 경의를 나타내는 여성의 경칭

-Majesty: 왕족에게 붙이는 경칭

-The Honorable: 귀족이나 주요 공직자를 부르는 경칭

-Dr(Doctor): 전문 직업인이나 인문과학분야에서 박사학위를 취득한 사람

-Esquire(ESQ)편지의 수취인 (영국에서 사용함)

-Excellency:외교관(대사)에 대한 경칭

각 국가의 인사매너를 알고 있는 상식과 네이버 검색을 통해 정리해 보았다 나머지는 당신이 찾아보자

미국- 악수를 한다.
하와이- '알로하"알로하' 하며 서로 끌어안고 양쪽 볼을 대며 인사하며 샤카라는 전통 인사법이 있다 미소와 함께 엄지손가락과 새끼손가락을 편 손을 살짝 흔드는데 이때 손등을 보이면서 흔들어야 한다.
중국- '쎄쎄, 니하오마' 하며 자기의 두팔을 들어서 팔목을 잡고 허리를 굽혀 정중히 인사한다.
일본- 처음 뵙겠습니다라는 뜻을 가진 '하지메 마시테'라는 말과 함께 허리를 여러번 굽혀서 인사한다.
인도- 턱 아래쪽에 두손을 모으고 고개를 약간 숙이면서 "나마스테'라고 말한다.
프랑스- 비주 라고 부르며 오른쪽 볼한번 왼쪽 볼한번 이렇게 두 번 가볍과 볼과 볼을 맞댄뒤 쪽 소리를 작게 내면 된다.
인도네시아- 서로 악수를 한다음 왼쪽 가슴에 손을 얹는다.
이스라엘- '샬롬샬롬'하며 상대방의 어깨를 주물러 준다.
스페인- '브아레스 디아스'하며 서로 끌어안아 한바퀴 돈다
태국- '와이'하며 기도하듯이 두손을 가슴 턱 또는 이마에 모은다. 이때 남자는 사와디 캅 이라고 말하고 여자는 사와디 카 라고 한다.

터키- 비지니스 상에서는 악수를 하는 것이 일반적이지만 친한 사이인 경우 서로 안 은채 양볼에 쪽 소리를 내며 입을 맞춘다.

에스키모- 원래 서로 코를 비비며 인사를 한다.

뉴질랜드- 마오리족 -홍이 라고 부르는 서로의 숨을 나눈다는 의미의 코를 맞대는인사를 한다.

Tip

글로벌 비즈니스에서는 자신의 회사나 직책이 함께 기록된 업무용 명함과 자신의 이름과 연락처만 기록된 사교용 명함, 이렇게 기본적으로 두가지의 명함을 사용하는 것이 매너다.

MIRACLE SPEECH

"당신이 분명하고 요령있게 말을 한다면 사람들과 친해지기가 더 쉬울 것이다."

- 노만 라이트의 《너와 나는 다를 뿐이다》 중에서

소리의 통로를 찾아서

"바다 속에는 소리 통로가 있다.
고래는 짝을 찾을 때나 무리와 아주 중요한
의사소통이 필요할 때 이 소리 통로를 이용한다.
"그 소리 통로를 이용하여 고래들은 1,000리 이상
떨어진 곳에 있는 동료를 부른다고 한다.
얼마나 멀리까지 갈 수 있느냐 하면,
놀랍게도 호주나 뉴질랜드 바다에서 낸 고래 소리를
한국의 동해나 미국 서부 해안에서 들을 수 있다.
깊이 300미터에서 500미터 사이의 바다에
그 신비한 통로가 있다고 한다.
— 최성현의《산에서 살다》중에서 —

아프리카의 어느 부족은 잡목이 부락 주변에 자라나면 베어내거나 뽑아내지 않고 온 마을 사람들이 그 나무 옆에 모여서 커다란 소리로 '쓸데없는 나무' '넌 죽어야해' '넌 필요 없어' '넌 해가 될 뿐이야' 등의 말을 나무에게 해준다고 한다. 그러면 신기하게도 그 나무는 시들어 버리고 말라서 죽는다는 이야기를 읽은 적이 있다.

처음 사람을 만났을 때 이미지가 미치는 영향은 시각적 이미지가 55% 청각적 이미지가 38% 말의 내용이 7%라는 것을 앞에서 배웠다.

지금까지는 의사소통에 있어서 가장 많은 부분에 영향력을 행사하는 시각적인 이미지에 관하여 알아보았다면 이제부터는 두 번째로 많은 부분을 차지하고 있는 청각적 이미지 즉 화술에 대해 이야기를 해본다. 책 〈뛰면서도 사랑할 시간은 많습니다〉(김민석, 김자영 공저, 1995, 시공사)에 보면 '사람의 마음이란 다른 어떤 것보다 상대에게 빨리 전달되며 마음은 상대의 모든 것을 바꿀수 있을 정도로 큰 힘을 가지고 있다.'고 하는데, 그렇다면 그 마음은 어떻게 표현되는 것일까?

대부분은 '언어'로 표현된다. 우리들 대부분은 상대가 해주는 말에 의해서 힘을 얻기도 하고 좌절하기도 한다.

'물은 정답을 알고 있다' 란 책에 보면 정말 고운 '말'이 얼마나 중요한지를 실감하게 한다.

세계 각국에 있는 물을 가지고 실험을 한 과정과 결과를 사진으로 엮어 논 책의 내용을 보면 그 물들에게 나쁜 말과 좋은 말을 각기 다른 방에 두고 일정기간 동안 들려주고 난 뒤에 물의 결정체를 살펴보았더니 나쁜 말을 들은 물의 결정체는 파괴적인 결정체를 가지고 있었고 좋은 말을 들은 결정체는 정말 고운 육각수의 형태를 띠고 있었다는 것이다. 더 놀라운 것은 세계 각국 언어로 고운 말들을 실험해 본 결과 우리나라의 '고맙습니다' 란 언어를 들은 물의 결정체가 가장 아름다웠으며 '비틀스'의 음악을 들은 물의 결정체가 음악 분야에서는 가장 아름다웠다는 사실이다.

이후로 나는 건강해서 고맙다. 잘 살아 주어서 고맙다. 잘먹어주니 고맙다는 인사말을 습관화하고, 비틀스의 음반을 어린 아들에게 틀어주었다. 덕분에 녀석도 잘 자라 자신이 원하는 뮤지션이 되었고 나도 좋아하는 일을 하게 되는 좋은 결과를 얻었다고 믿는다.

나는 '효과적인 프레젠테이션의 화법교육연구'로 석사 학위를 받았는데, 사람들 앞에서면 소리가 작아진다거나 말이 빨라지거나 발음이 부정확하다는 스피치의 약점들을 교정하려는 20~60대 성인을 대상으로 운영한 15주의 수업과정에서 행한 실습 방법들 중에서 효과가 좋았고 당신에게 꼭 필요한 스킬들을 발췌해서 여기에 옮긴다.

말이 빠르다거나 발음이 부정확하다는 이야기를 들은 적이 있다면
"말 할때는 입을 크게 벌려라!"
를 기억해두자.

아나운서나 쇼호스트 지망생, 또는 미인대회에 나가는 친구들에게 나무젓가락을 깊숙이 물고 책을 읽게 하였더니 힘들다고 하여서, 궁리해낸 훈련법이 이미지 훈련으로 말할때는 나무젓가락을 어금니에 물었다고 생각하고 입을 크게 벌려 발음하라 였다.
말을 하다보면 자신도 모르는 사이에 말이 빨라지고 발음이 흐려지게 된다. 자신의 말이 빨라지는 느낌이 들 때마다 입을 크게 벌리고 보이지 않는 나무젓가락을 어금니에 물었다고 생각하고 말을 한다는 것을 상기하자. 한 학기 동안의 훈련은 학생들에게 만족스러운 결과를 주었다.

'소리가 작아서 잘 안들려요' 라는 이야기를 들어본 적이 있다면 소

리를 던져보자.

내 말을 듣는 사람 머리 뒤로 소리를 던지는 것은 목소리의 강약을 조절할 수 있는 아주 좋은 훈련 방법이고, 다른 사람과 눈을 마주치면 소심해지는 사람들에게 아주 효과적이다. 이 경우 눈 마주침도 당당해지고 목소리도 더 커져서 자신감 있는 모습이 연출될 수 있는 것이다.

이 방법과 함께 좀 더 큰 소리를 내고 싶다면 두 팔을 가슴위로 올리고 말을 하는 방법이 있다. 두 팔을 가슴위로 들어 올리게 되면 소리통의 공간이 커져서 소리도 커지게 된다. 목사님들께서 예배를 보시며 두손을 번쩍 들어 올리고 큰소리로 기도를 하는 것도, 웅변가들이 주장을 할 때 손을 들어 올리는 것도, 이 방법을 활용하는 사례들이다.

훌륭하게 말하는 기술(화술)은 상황에 맞게 언어를 구사하는 것이다. 좋은 화술의 구성 요소는 음성의 크기(장소와 환경에 따라 조절), 정확한 발음, 바르고 고운 말의 사용, 침착하고 여유 있는 화법, 진실된 태도가 있으며, 적당한 속도로, 큰소리로, 입을 크게 벌리며 말해야 한다는 것을 기본 원칙으로 한다.

그러면 타고난 목소리는 어떻게 할 것인가? 좋은 목소리로 타고나지 못했다 하더라도 전문가의 도움을 받아 자신만의 고유한 목소리를 찾아내어 제대로 연습을 하면 훨씬 멋지고 당당하게 말하는 자신의 모습을 발견하게 될 것 이다.

자신의 진성을 찾아내어 연령과 체형에 맞게 소리를 내는 복식호흡과 발성 발음 훈련을 하여 매력적인 목소리를 만들기 바란다.

스피치킹이 되는 비법

말할 때는 복식호흡을 사용하는데, 호흡훈련에는 풍선호흡훈련, 노래호흡훈련, 명상호흡훈련, 상상호흡 훈련들이 있다.

풍선호흡 훈련은 풍선을 사용하여 복식호흡의 효과를 내게 하며, 복식호흡의 방법을 잘 이해하지 못하는 초등학교 저학년 아이들에게 많이 효과적인 방법이다.

노래호흡은 편의상 붙인 이름으로, 완전군장을 하고 군가를 부르며 연병장을 도는 군인들의 경우처럼, 뛰면서 노래를 하면 호흡이 빨라져서 자율신경이 숨을 아주 깊이 들여 마시게 한다는데 착안하여 실시해본 방법으로 효과만점의 복식호흡 방법이다.

상상호흡은 옆구리에 풍선이 있다고 생각하고 손을 부풀리는 방법으로 자신의 호흡에 몰입할 수 있는 훈련방법이다.

이와 같은 방법으로 복식호흡을 연습하면 자신도 모르는 사이에 목소리가 매끄럽고 힘이 들어가 있음을 느끼게 될 것이다.

복식호흡이란 숨을 들이마실 때 배가 나오는 호흡법이다. 평소처럼 숨을 크게 한 번 쉬어 자신의 호흡을 체크해보자.

한손은 배위에 한손은 가슴위에 두고 호흡을 해보면 알수가 있다.

숨을 들이쉴 때 배가 들어가고 어깨가 올라간다면 당신은 흉식호흡을 하고 있는 것이고 반면에 배가 볼록하게 나온다면 복식호흡을 하고 있는 것이다.

SKILL

눈을 감고 입을 다문 후 두손으로 아랫배를 감싸고 코로 숨을 들여 마신다.

이때 어깨가 움직이지 않게 살피면서 배가 볼록하게 나오는 것을 느낄 수 있도록 천천히 다섯까지 센후 잠시 멈추었다가 다시 입으로 숨을 뱉어내는 데 이때는 열까지 숫자를 세어 들여 마시는 숨보다 내뱉은 숨이 더 오래 갈수 있게 천천히 연습한다.

- 한 호흡에 풍선을 불어보면 자신의 호흡량이 눈으로 보일 것이니 몇 개의 풍선을 가지고 당신이 할 수 있는 가장 큰 호흡으로 풍선을 불어보기를 권한다

듣는 이에게 마법을 거는 목소리

아무리 좋은 내용의 말도 목소리에 쇳소리가 나거나 깨지는 소리가 난다면 웃는 얼굴로 끝까지 듣기가 어려울 것이고, 프레젠테이션의 경우에는 좋은 결과를 얻기 힘들 것이다.

허파에서 만들어진 숨은 여러 발음기관을 거쳐 입 밖으로 나오는데, 숨이 통과하는 길 중 후두 위쪽을 발음 통로라고 하며, 이 발음 통로가 발음기관과 함께 음성을 만드는데 매우 중요한 역할을 한다.

발음 통로는 크게 입 쪽으로의 통로인 구강과 코 쪽으로의 통로인 비강으로 나뉜다. 후두에서 두 입술까지가 구강이며 목젖부터 콧구멍까지가 비강이다. 대부분의 음성은 구강에서 만들어 진다.

음성치료 전문의인 모튼쿠퍼 박사는 훌륭한 목소리는 마스크에서 나온다는 마스크 발성법을 주장했는데, 이때 마스크는 콧등과 코의 양 옆부분, 그리고 입 주위 부분을 포함한 부위를 가리킨다. 코와 입사이의 인중에서 소리를 낸다는 생각으로 발성을 하면 입과 코를 통한 울림이 전달되어 중저음의 듣기 좋은 목소리를 낼 수가 있다. 그는 듣기 좋은 목소리를 "듣는 이에게 마법을 거는 목소리"라고 표현했는데 나도 전적으로 이에 동의하며 마스크 발성법을 적극 추천한다.

모튼쿠퍼 박사는 자신이 내고 있는 목소리가 올바른 목소리인지 잘못된 목소리인지를 먼저 아는 것이 중요하다며 입술을 다물고 앞의 말에 동의하는 듯이 큰소리로 "umm-hmmm, 음ㅁ-흠ㅁㅁ"하는 소리를 내보라고 한다. 그에 따르면 입을 다물고 말끝을 살짝 올리는 억양으로 "음ㅁ-흠ㅁㅁ" 하고 소리를 내는 순간 코와 입술 주위에서 가벼운 떨림을 경험 할 수 있다면 당신은 올바른 목소리를 내고 있는 것이라고 한다.

  책을 읽거나 운전을 하면서 보이는 제목이나 거리 안내판을 "음ㅁ-흠ㅁㅁ" 하는 소리의 어조와 함께 읽어보는 훈련을 해보자. 말하자면 "음ㅁ-흠ㅁㅁ~대한민국! 우리나라 금수강산 !음ㅁ-흠ㅁ" 이렇게 하다 보면 어느새 스스로 듣기에도 달라진 목소리를 내게 될 것이다.

귀에 쏙쏙 들어오는 발음의 비법

  입을 크게 벌리며 말을 하는 습관을 가진 덕분에 강의 후 "강사님은 빨리 말을 하는데도 어쩜 그렇게 귀에 쏙쏙 들어오게 발음이 정확하고 목소리가 매력적이세요?" 라는 평가를 듣는다. 이러한 피드백은 수강생들에게 입을 크게 벌리고 말하라는 말하기 비법을 더 강조하게 만든다.

  명확한 발음을 위한 발음 연습을 해보자.

  풍선을 불때처럼 코로 숨을 크게 들여 마시고 입을 크게 벌리면서 한글공부를 시작한 어린아이들처럼 "가/갸/고/교/구/규/그/기" 부터 "하/햐/호/효/후/휴/흐/히/" 까지 한숨에 죽 읽어내려 간다. 하루에 한 번 씩 입을 크게 벌리고 모음을 발음하는 훈련을 삼주만 해보면 발음이 명확해지는 효과를 보게 된다.

  프레젠테이션을 하기 전에는 어금니에 나무젓가락을 물고 있다고 상상을 하면서 발표할 문장들을 읽는 연습을 하자, "어머 어쩜 그렇게 쏙쏙 잘들리게 말씀을 하세요? 비법 좀 알려 주세요" 라는 칭찬을 당신도 듣고 있을 것이다.

이 두 방법은 모두 발음을 할 때 입을 크게 벌리고 말하는 훈련 방법으로 명확한 발음을 내는데 아주 효과적이다.

나랑 눈 마주치는 사람 머리 뒤로 소리를 던져라

어린이집 웅변수업에서는 "하나하면 하나 요/ 둘하면 둘이요/ 셋 하면 셋이요/" 를 숫자의 크기만큼 소리를 높여가며 "열하면 열이다" 까지 외치는 놀이로 큰소리를 내는 연습을 한다.

이것을 전문용어로 음도 훈련, 즉 음의 세기 훈련이라고 하는데, 이는 음의 세기를 효과적으로 활용하기 위하여 음의 세기를 구분하여 훈련하는 것이다. 일반적으로 음의 세기는 10단계로 분리하며 10은 1m 앞에서 들을 수 있는 작은 음성이며 50은 5m 앞에서 100은 10m 앞에서 그 뜻을 알아들을 수 있는 음성을 이야기한다. 음악에 음정이 있듯이, 음성에도 음도가 있어서, 음도훈련을 기준으로 음성의 세기를 조절하는 강약 장단을 위한 훈련을 바다 이야기를 가지고 해보자.

"하나 하면 고요한 바다가 생각납니다.
둘 하면 잔잔한 바다가 생각납니다
셋 하면 물결치는 바다가 생각납니다.
넷 하면 출렁이는 바다가 생각납니다
다섯 하면 일렁이는 바다가 생각납니다.

여섯 하면 파도치는 바다가 생각납니다.
일곱 하면 몰아치는 바다가 생각납니다.
여덟 하면 태풍치는 바다가 생각납니다.
아홉 하면 폭풍치는 바다가 생각납니다
열 하면 터~지는 바다가 생각납니다.~"

열 번째 소리를 낼 때에는 두손을 머리위로 올리며 소리를 내 지르지 않으면 더 이상 큰 소리가 나지 않는다.

영화 '도리화가' 를 보면 신채효 선생과 소리꾼이 되고 싶은 진채선이 다른 소리꾼들과 폭포 옆에서 목소리가 터지는 소리 훈련을 하기도 하고 근처의 나무에 밧줄을 걸어 자신의 허리에 묶어 놓고 허리를 굽히며 소리를 내는 훈련을 하는 모습이 나오는데 그것은 단전에 힘이 들어가야 힘 있는 소리가 나오며 창은 보통 호흡이 길어서 한 호흡에 길게 소릿말을 해야 하는 특성이 있기에 아랫배의 힘을 기르기 위한 훈련을 그렇게 한 것이다.

강약장단을 위한 발성훈련이 창을 하는 소리꾼들의 훈련법과는 다르지만 강조하는 소리를 전달할 때에는 단전에 힘을 줘야 한다는 것은 같은 이치이다. 아나운서가 되고자 찾아오는 클라이언트들에게 코어 근육을 기르는 플랭크 자세로 "안녕하십니까" 를 소리 내어 말하게 했을 때 이구동성으로 저절로 아랫배에 힘이 많이 들어가는 것을 느꼈다고 하였다.

물론 무작정 큰 소리가 좋은 것이 아니기 때문에, 실제 상황에서 적당하고 충분하게 큰 소리를 내려면 듣는 사람의 눈을 응시하면서 그 사람의 머리 뒤로 소리를 던진다는 기분으로 발성을 하면 된다.

이 방법은 많은 사람들에게 발표의 두려움을 제거한 비법중에 하나로 수강생들의 설문조사를 통해 확인되었다.

당당하게 말하게 하는 파워 스피치 소통의 시대, 상대의 마음을 사로잡는 방법은 나의 생각을 전달하는 말이 핵심이다.

대부분의 사람들이 무엇을 말해야 할까에 고민하지만 우리가 고민해야 할 것은 무엇이 아닌 어떻게 라는 것을 기억하자.

목소리가 적어서 고민인 사람은 내 앞 창밖 대문앞 등의 거리를 이미지화 시키고 그곳에 들릴수있게 소리를 던져보는 훈련을 해보기를 권한다.

발음이 좋게 하려면 입을 크게 벌리고 혀와 입술을 최대한 움직여서 소리를 내는 아나운서들의 연습방식으로 훈련하면 눈에 띌만큼 좋아져 있는 당신의 목소리를 들을수 있을것이다.

스피치 킹도 호흡발성발음의 훈련에서 탄생되었다.

SKILL

*발음을 좋게 하고 자신감 있는 태도와 목소리를 위한 훈련법
 - 말할때는 입을 크게 벌리고 소리는 나랑 눈마주치는 사람 머리 뒤로 던져라

*발표를 하기전 해두면 좋을 발음기관 스트레칭 법
 각5회씩 연속 발음한다.
 - 타다나 타다나
 - 마바파 마바파
 - 라레리 라레리

*아래의 어려운 발음연습 문장은 웅변학원에서 아이들과 함께 거의 날마다 노래하듯 소리내어 읊었던 문장들이다.

당신도 입꼬리를 올리고 소리내어 읽어보자.
- 작년에 온 솥장수는 새 솥 장수이이고 금년에 온 솥장수는 헌 솥 장수이다.
- 간장공장 공장장은 강 공장장이고 된장공장 공장장은 공 공장장 이다.
- 멍멍이네 꿀꿀이는 멍멍해도 꿀꿀하고 꿀꿀이네 멍멍이는 꿀꿀해 도 멍멍한다.
- 저 콩깎지는 깐 콩깍지인가 안깐 콩 깍지인가? 깐 콩깍지면 어떻 고 안깐 콩깍지면 어떠냐 깐콩깍지나 안깐 콩깍지나 다 콩깍지인 데.
- 네가 그린 구름 그림은 새털구름 그린 그림이고 내가 그린 그림은 뭉게 구름 그린 구름이다.
- 저기 계신 저 분이 박법학 박사이시고 여기 계신 이분이 백 법학박 사이시다.
- 옆집 팥죽은 붉은팥 팥죽이고 뒷집 콩죽은 햇콩단콩 콩죽이고 우 리집 깨죽은 검은깨 깨죽인데 사람들은 햇콩단콩 콩죽 깨죽 죽먹 기를 싫어하더라
- 저기 저 말뚝이 말 맬 말뚝인가 말못맬 말뚝인가
- 신진상송가수의 신춘 샹송 쇼우
- 뚬 양 꿍 스프 , 스 위 스 퐁 듀, 게 살 샥 스 핀, 김 샀 갓 샀 갓

다음의 문장들은 속담과 명언들이다

이 문장들을 통해 말의 신중성과 적극성에 대하여 생각해보자.

1. 고기는 씹어야 맛이 나고 말은 해야 맛이 난다.
2. 필요할 때 필요한 말을 필요한 만큼 해야 한다.
3. 말 한마디로 세계를 지배한다.
4. 말이 고마우면 비지 사러 갔다 두부 사온다.
5. 가는 말이 고우면 오는 말도 곱다.
6. 우는 아이 떡 하나 더 준다.
7. 우리는 언제나 우리가 하는 말로 평가받으며 살아가는 존재다.
8. 표현하는 것만큼 너의 마음이 있게 된다.
9. 구슬이 서 말이라도 꿰어야 보배다.
10. 말 한마디로 천 냥 빚을 갚는다.
11. 말이 씨앗이 된다.
12. 말은 마음의 심부름꾼이다.
13. 말은 생각이 담긴 테크닉이다.
14. 말은 제2의 얼굴이다.
15. 인간의 말은 그의 인생과 같다.(socrates)
16. 옷감은 염색에서 술은 냄새에서 꽃은 향기에서
    사람은 말투에서 그 됨됨이를 알 수 있다.(독일속담)

*부드러운 어조로 시를 낭송해 보는 것은 목소리를 자유자재로 사용할 수 있는 기본기를 갖게 해주는 좋은 훈련법이다.

<내가 당신을 사랑하는 것은>

- 김미림 -

내가 당신을 사랑하는 것은
당신이 내게 무엇을 해주기 원해서가 아닙니다.
당신이 내 안에 사랑 주셨기에 당신을 사랑할 뿐
다른 건 아무것도 아닙니다.

내가 당신을 사랑하는 것은
당신이 내게 더 많은 사랑주기를 원해서가 아닙니다.
당신이 이미주신 그 사랑을 되 담아 드릴뿐
다른 건 아무것도 아닙니다.

내가 당신을 사랑하는 것은
나 스스로 행복해지기 원해서입니다.
행복한 나로 하여 당신 또한 행복하기를 소망할 뿐
다른 건 아무것도 아닙니다.

내가 당신을 사랑하며 소망하는 것은 단 하나
죽는 날까지 당신 안에서 사랑으로 살아남기를 소망할 뿐
다른 건 아무것도 아닙니다.

MRS SPEECH 공식

> "좋은 메시지에는 3가지 속성이 있다.
> 즉, 간결함, 철저함, 그리고 구조이다.
> 이 3가지 모두를 당신이 보내는 모든 음성 우편, E-메일
> 혹은 메모에 적용시켜라
> 그러면 메시지를 효과적으로 전달할 수 있다."
> —맥킨지—

당신의 발표를 기적으로 만들어주는 MRS 스피치 공식

세상의 어떤 이야기도 상대를 존중하는 마음이 없이는 공감도 설득도 만들어 낼 수가 없다는 것이 20여년의 강의를 통해 터득한 결론이다. 좋은 목소리, 명확한 발음, 고급스러운 단어를 사용해도 '매너 없이' 전달하게 되면 버르장머리 없고 건방지고 권위적이고 품위 없이 이야기 한다고 폄훼될 수가 있다.

당신의 가치를 높이고, 당신을 돋보이게 하며, 상대방의 마음을 움직여서 이야기가 자연스럽게 전달되는 스피치 공식 "MRS" Miracle in Reality Speech 를 소개한다.

초성 약자 MRS는 우연하게도 내 이름 MiRim의 초성과 같아서 기억하기가 쉽다.

이 공식은 단순하지만 강력하다. 당선, 취업, 승진의 많은 사례가 이 공식의 힘을 증명해 준다. 꿈꿔온 기적이 현실이 되는 스피치 공식이다.

Miracle in Reality Speech

Manner 품위 있게 인사 하고 시작하라

스피치에서 가장 중요한 첫 시작 30초! 그 시간 동안 당신은 배우가 되어야 한다. 당당하게 걸어 나가서 매력적인 미소를 머금고 청중을 향해 이야기를 들으러 와 준 것에 대한 감사의 말과 함께, 품위 있게 인사를 한다.

빠르게 고개를 숙인 후 허리를 굽히고 잠시 멈추었다가 정중하게 고개를 든다. 바로 이어서 전달 하고자 하는 이야기의 주제를 한 문장으로 표현해서 청중의 눈과 마음을 집중시킨다.

Real 생생한 그림이 그려지게 이야기 하라

고급스럽고 전문적인 단어를 많이 사용할수록 이야기의 신뢰도가 높아지고 멋지게 들릴 것이라고 생각 할 수 있다.

나 또한 강의 초창기에는 그렇게 생각하여 강의를 망친 기억이 있는데, 많은 좌절과 실수를 겪으면서 청중과의 공감이 최고의 강의라고 깨닫게 되었다. 그렇다면 어떤 말로 이야기를 시작해야 할 것인가?

소크라테스는 "목수와 말을 할때는 목수의 말투를 사용하라" 했다. 전달하고자 하는 내용을 듣는 순간 머릿속에 연상을 통하여 그림이 그려질 수 있도록, 상대방이 어떤 언어로 어떻게 표현해 주기를 원하는지를 파악해야한다.

이야기의 도입부에서 상대방이 공감하고 고개를 끄덕일 수 있는 단어와 표현을 찾아내서 활용한다는 것이 R의 핵심으로, 비즈니스커뮤니케이션에서 말 하는 사람의 가장 중요한 준비사항이고, 상대방을 존중하는 자세이다.

스무살 시절 직장에서 겪었던 일이다. 두 명의 열성 팬이 있었는데 한 명은 제법 규모있는 전업사의 총무인 K이고, 다른 한 명은 사내 다른 부서의 C였다. 사무실에 컴퓨터가 막 도입되던 시절에 컴퓨터 사용과 관련된 용어들이 좀처럼 익숙해지지 않아서 두 사람에게 도움을 청했는데, 두 사람의 설명하는 방법 차이가 받아들이는 나에게는 얼마나 중요한 결과의 차이를 만들었는지를 알게 되었다. K는 Enter 기능을 설명하는데 본인이 가지고 있는 지식을 총 동원하여 전문 용어를 사용하며 기술적으로 이야기를 해 준 반면, C는 내가 가장 잘 아는 밥 짓는 순서를 예를 들며 설명을 해주었다. 밥이라는 결과물을 만들어 내려면 쌀을 씻어 밥솥에 담고 뚜껑을 달아두기만 해서는 절대로 밥이되지 않으니 반드시 취사 버튼을 눌러야 밥이 된다는 이야기로 "Enter" 기능을 설명하는 C의 말을 들으면서 나의 머리속에는 빠르고 정확하고 구체적인 그림이 그려졌다. R은 그렇게 상대의 관점에서 구체적인 소재와 이야기로 전달하는 것이 가장 중요한 포인트다.

Summary 당신의 이야기를 요약하라

영화나 드라마에서는 상대방이 이야기를 하는 순간 유체이탈이 되어 지난 순간을 회상하는 씬이 나오고 이야기가 끝난 상대방이 질문을 하면 대답을 하지 못해 다시 그 질문을 되물어 보는 장면이 가끔 나온다. 이럴 경우 대부분 "아 죄송합니다. 제가 잠시 딴생각을 했네요" 라고 하게 된다. 우리는 1:1의 대화를 하면서도 가끔 딴 생각을 하기도 한다. 다수의 청중 속에 있다 보면 이럴 경우는 많아진다.

이야기나 강의를 하는 시간이 길어지면, 청중의 주의가 휴대폰을 보는 등 잠깐씩 산만해지게 되어, 중간 중간 이야기를 놓치는 경우가 있을 수 있으므로, 마무리 부분에서 자신이 이야기한 주제의 포인트를 요약해서 한번 더 설명하는 것이 S의 포인트다.

스피치의 도입부는 만남에서 첫 인상 만큼이나 중요하며, 스피치의 마무리는 도입부 보다 중요하게 청중에게 기억 된다. 끝까지 경청 해 준 청중에 대한 정중한 감사 인사는 강의의 내용에 강사의 품격을 더해 오래 기억 되게 한다.

SKILL

당신 자신이나 가족 또는 직장의 자랑거리를 MRS기법으로 작성해보자

MRS Story
나의 가치를 높이고, 나를 돋보이게 하며, 상대방의 마음을 움직이는, 나의 이야기가 자연스럽게 전달되는 Miracle in Reality Speech 이야기를 만납니다.

Miracle(Manner)
* 중요한 첫 시작 30초! 듣는이의 주의를 이끌고 관심을 갖게 하며 발표자의 품격을 보여준다

들어가기(1) - 인사, 청중배려, 주제

Reality(Real)
전달하고자 하는 내용을 구체적인 소재와 이야기로 전달한다

주제(2) - 에피소드
Speech(Summary)
* 스피치의 포인트를 요약하고 말하는 이의 호감적인 기억을 남게 한다

나오기(3) - 요약, 청중배려 인사

미라클 프리젠테이션

*"백번만 깨지면 뻔뻔해진다.
그러니 매너를 익혀서 고품격으로 뻔뻔해져라
백번만 깨지면 당당한 사람이라는 소리를 듣고 있을 것이다."
-김미령- 스피치컨설턴트-*

박수 받고 시작하자

나는 고등학교에 진학하기 전까지만 해도 아주 내성적이어서 다른 사람 앞에서 말하기를 주저하고 겁을 냈다. 아버지는 '이그' 하고 혀를 차시면서 안타까워 하셨다. 남원제일 고등학교(성원여자상업고등학교에서 개명)에 진학해서 1학년 초에 지명되어 책을 읽는데, 선생님께서 "니 목소리 참 낭랑하네" 라는 칭찬과 함께 3주 후에 열리는 전국 새마을 웅변대회에 나가보라 하셨다.

웅변원고 책에서 골라 작성한 초안을 선생님께서는 웅변 톤으로 수정해주고, 9시 뉴스 아나운서의 말톤을 듣고 따라하기 연습을 하면서, 매일 잠들기 전에 나는 상을 탈거야 하는 말을 열 번씩 하라고 해주셨다.

　나는 선생님의 말씀을 믿고 따라했으며, 방과 후 교실에서 열심히 연습을 하였다. 선생님께서는 단상에 올라서면 제일 먼저 마이크를 나의 턱에 오게 조정을 하고 한발 뒤로 물러서서 청중을 왼쪽부터 오른쪽 까지 천천히 둘러본 후에 허리를 숙여 인사를 하라며. "인사를 그렇게 하면 청중들은 다 너를 처다보고 있다가 박수를 보내 줄것이야. 그때 고개를 들고 박수가 멈추면 '여러분~' 하고 시작하는 거야~" 라는 중요한 팁을 알려주셨다.

　기적이 일어났다.
　정말 열심히 한 연습과 선생님의 응원덕분에 전라북도 도 대표로 선발되었고, 본선에 출전하기 전까지 일주일 간 호남웅변학원 유병철 원장님께 난생 처음 개인훈련을 받게 되었다. 전문가의 특별훈련 덕분에 전국새마을 웅변대회에서 학생부 2위를 차지하게 되었고, 그 후로 나의 학창시절은 늘 마이크를 손에 쥐고 각종 학교행사에서 행사진행자가 되어 적극적이고 열정적인 학생으로 변신 하였다.

몸의 움직임도 프레젠테이션이다.

고교시절에는 웅변대회를 서너명이 함께 나가곤 했는데, 함께 가주신 선생님은 우리를 청중석 중간과 맨끝 양쪽으로 자리를 정해주시고, "저기 단상에 올라가면 다른 사람 말고 여기랑 저기에 서있는 니 선배랑 친구를 보면서 이야기를 해라이~" 라는 말씀을 해 주셨다.

청중석에 앉아있는 친구들은 열렬히 공감을 해주는 청중 역할을 해주었고, 선생님은 관객석의 맨 뒤에 서서 손짓으로 웅변의 속도 진행을 조절해 주는 감독의 역할을 해 주셨는데, 무대에 올라 웅변을 하는 연사의 입장에서는 역량을 최대로 발휘하게 해 주는 연출이었다.

이 방법을 프레젠테이션을 하면서 적용 해보기 바란다. 청중 중에 고개를 끄덕이는 사람과 1초 정도의 시선 교환을 한 후 진행 중인 문장을 마무리 하고, 다른 사람 쪽으로 시선을 돌린다. 한번 시선이 마주친 청중들은 연사가 자신 있고 안정적으로 발표를 잘하고 있다고 생각하며 고개를 끄덕여 줄 것이다. 발표 장소에 도와줄 동료가 있는 경우라면 삼각형의 꼭지점 에 해당하는 좌석에 미리 앉도록 하여 시선 교환과 긍정적 반응을 만들어 낼 수 있지만, 낯선 환경에서의 스피치에 대비하여 거울 속의 자신과 1분 이상 눈동자를 맞추며 이야기 하는 훈련이 도움이 된다.

입술은 거짓말을 해도 눈은 거짓말을 하지 못한다고 한다. 거짓말을 하면 시선을 피하게 된다. 시선도 말만 큼이나 중요하게 메세지를 전달하게 되므로 진심이 담긴 눈빛으로 확신을 더해야 한다. 누군가 이야기는 하면서 시선은 다른 곳을 향할 때면, 존중받는 느낌이 들지 않는다.

1:1 프레젠테이션이든 대중 프레젠테이션이든 상대에게 시선을 맞추어야 한다. 시선을 교환하면서 말을 하면 상대방을 말하는 내용에 몰입 시킬 수 있다. 이때 눈동자의 움직임은 빠르지 않게 하여 정서적으로 안정되어 있다는 느낌을 상대방에게 전달 한다. 전심을 다해 이야기 하고 있음을 전하는 데는 반짝이는 눈과 정면으로 똑 바른 시선 교환, 입가의 미소가 필수적이다.

시선을 돌려야 하는 상황에서는 상체 혹은 몸 전체를 돌려 시선이 정면에서 교환되게 하여 한층 자신감 있고 적극적이며 단정한 태도를 드러내자.

제스처는 일반적으로 손짓, 몸짓 등의 몸동작으로 이루어진 비언어적 의사전달 수단으로서, 상대와의 사회적 관계, 친밀감의 관계 등에 따라 자연스럽게 배어나오는 동작 언어이다.

프레젠테이션에서는 자세와 걸음걸이 등의 동작언어로서 시각적인 볼거리와 내용을 보충해 주는 역할을 하므로 다양한 제스처의 사례들을 익혀서 활용하도록 한다.

오드리햅번은 "아름다운 자세를 갖고 싶다면, 결코 당신이 혼자서 걷고 있지 않음을 명심하라" 는 말을 남겼다.

하물며 바라보는 사람이 많은 프레젠테이션의 공간에서는 더욱 당연한 이야기이다. 무대에 좌석 배치가 되어있는 경우 호명 될 때까지 앉은 자세는 긴장하되 표정은 최대한 밝게 유지하고 허리는 꼿꼿하게 세우고 어깨는 짝 펴고 자신감 그 자체로 앉아 있다가 호명이 되어 연단으로 나갈 때에는 단정하게 일어나 청중을 향한 후 발뒤꿈치를 붙이고 간단한 목례를 하고 당당하고 바른 자세로 걸어 나간다. 바른 자세는 프레젠테이션을 잘하는 중요한 요소이다.

신체언어(body language, kinesics)는 자연스럽게 활용할 때 그 효과가 극대화 된다. 프레젠테이션에서는 웅변할 때와 같은 과장되고 기계적인 부자연스러운 동작이 아닌 편안하고 자연스러운 동작들로 청중을 공감시켜야 한다.

초보자들에게 가장 거추장스러운 것이 손동작이라고 할 수가 있는데 가장 자연스러운 자세는 가슴과 배꼽 사이에 자연스럽게 두 손을 모으는 것이고, 연단이 있는 경우라면 연단에 살짝 두 손을 올려두거나 마이크와 무선 리모콘을 사용하는 경우라면 화면 쪽 손에 무선 리모콘을 반대편 손에 마이크를 쥐는 것이 좋다.

구사하는 언어와 제스처는 일치시켜, 강한 단어에는 강한 제스처를 부드러운 단어에는 부드러운 몸짓을 사용하고, 대상을 가리키는 제스처로는 검지만 편 상태의 손가락 제스처는 사용을 자제하고 손바닥을 펴고 전체 손가락을 모아서 사용한다.

프레젠테이션이 확정되면 목적, 대상, 장소(프레젠테이션의 3P)를 중심으로 전체적인 플랜을 구성한다.

　보조자료인 파워포인트는 시각적 효과를 극대화 할 수 있도록 작성한다. 시각적 효과에는 상황 (주제,장소,대상)에 어울리는 용모와 복장도 포함된다.

　파워포인트가 없을 때는 간단하게 키워드만 적어둔 큐카드를 활용하면 발표도중 샛 길로 빠지는 위험을 줄일 수 있다. 사내강사들을 훈련시킬 때 파워포인트 자료를 완벽하게 소화하지 못하고 강의에 나갈 경우에는 혼자만 알아볼 수 있게 다음장의 설명이 담긴 단어를 슬라이드 하단에 적어둔 브릿지를 활용하게 하였는데 경험이 많지 않은 사람들에게 도움이 된다.

　이제 리허설을 할 차례이다. 셀프리허설, 상상리허설 ,동료리허설 등을 형편에 따라 적당한 방법으로 연습을 반복한다. 가장 효과가 좋은 리허설 방법은 핸드폰으로 동영상을 촬영하여 자신의 모습을 보게 하는 셀프리허설이다

　또한 실제 프레젠테이션 현장과 동일한 기기 사용법과 동선을 익힐 수 있도록 사전에 현장에 관련 된 정보를 사진 등으로 확인 해두는 것도 좋은 프레젠테이션을 위한 기본기 중에 하나다.

　무대 위에 선 순간 박수 받고 이야기를 시작하고,
　스피치의 킹King 이 되어 자신감 있게 프레젠테이션을 한 후 반드시 박수를 받고 끝내자.

프레젠테이션의 결정판은 의전행사

행사장에서의 의전은 귀빈 및 의전 대상자가 안전하게 행사장에 도착하여 불편함 없이 행사에 임하다 행사장을 떠나는 것이 목표이다.

국제 의전의 방식은 1815년 빈회의에서 체계화 되었다.

국기는 중앙의 주최국의 국기를 중심으로 알파벳순으로 게양하는 것이 원칙이고, 대사급 행사시 의전서열은 대사들이 신임장을 받은 순서가 원칙이며, 기관 행사시 단상위에 국기는 오른쪽에 게양하고 기관기는 왼쪽에 게양하는 것이 원칙으로 정해져 있다. 행사장에서 애국가 제창시 영상국기로 대체불가하다고 국무총리령으로 정해져 있으니 내외빈 소개시 주최측의 인사는 원칙적으로 소개 명단에 포함시키지 않는다. 환영인사라거나 경과 보고 등의 순서에 주최측의 중요한 인사들이 소개될 수 있도록 준비를 하는 것이 좋다.

행사의전의 핵심은 동선 디자인이다. 모든 동선은 단순 직선으로 디자인 하고, 시상을 위하여 무대위로 올라가야 하는 경우 맨 앞줄 좌석에 자리를 배치하거나 무대로 올라가는 계단 가까운 쪽 끝 줄을 따라 좌석을 배치한다.

사전에 귀빈의 사진을 진행요원들이 공유하여 주차장이나 엘리베이터 에서 신속하고 원활한 안내가 가능하도록 하고, 안내서열이 자연스러울 수 있도록 직책을 파악 해둔다.

주빈의 자리는 무대를 바라보며 단상 왼쪽에, 귀빈은 단상의 오른쪽에 자리를 배치하고 기관장의 뒷좌석은 예비석으로 준비하여 불참을 통보한 사람의 갑작스런 참석에 대비하는 것도 필요하다.

행사 진행요원은 쉽게 식별이 가능하도록 눈에 띄는 마스크나 유니폼 조끼 등을 착용하고 표지판, 화살표, 안내장등의 컬러와 디자인을 통일하여, 참석자가 필요한 안내를 적시에 받을 수 있도록 해야 한다.

더 나아가 인사법과 인사말을 표준화하여 행사의 이미지 아이덴티티를 확보해 두면 금상첨화라 할 수 있다.

호텔이나 컨벤션센터와 같은 실내 행사장에서 엘리베이터를 이용시, 안내요원이 있는 경우는 귀빈이 의전담당자보다 먼저 타는 것이 매너이고, 안내요원이 없을 경우에는 의전담당자가 먼저 타서 귀빈을 출입구 안쪽으로 모시는 것이 매너이다. 내릴때는 귀빈을 먼저 내리게 하고 의전담당이 나중에 내린다.

계단을 오를 때는 귀빈이 앞서고 안내자가 뒤를 따르며, 내려 올때는 안내자가 앞서고 귀빈이 뒤 따라 내려오는 것이 매너이다.

만찬장이나 회식장소에서 상석은 출입구를 바라보고 있는 쪽의 자리이며, 뒷 편으로 병풍이나 커다란 그림이 놓여있는 곳이 상석이다.

이런 기본적인 것들을 갖추는 것은 행사에 초대한 사람들에 대한 배려이고 이런 대우를 받은 사람들은 만족스러운 표정으로 행사장을 떠날 것이다.

잊지말자

프레젠테이션의 모든 것을 경험할 수 있는 결정판은 의전행사다.

SKILL

*프레젠테이션 이렇게 하면 성공한다.

1. 무엇을 말 할 것인가?
 - 내용, 대상, 장소, 시스템
2. 어떻게 전달할 것인가?
 -시각자료, 이미지메이킹, PPT
3. 어떻게 훈련할 것인가?
 - SMS 공식
 - Stretching
 - Open your Mouth
 - Throw the Sound

MIRACLE COMMUNICATION

"인간에게 가장 중요한 능력은
자기표현력이며
현대의 경영이나 관리는
커뮤니케이션으로 좌우된다"

-피터드러커

비즈니스 커뮤니케이션

 강의, 발표, 협상, 회의 등 비지니스 커뮤니케이션의 목표는 해당 커뮤니케이션을 성공적으로 진행하여 달성하고자 하는 사업 목적을 달성하는데 있다.
 성공적 커뮤니케이션은 내용을 전달하는 전달자의 표정, 눈맞춤, 자세 ,목소리 톤, 음정, 메이크업, 복장, 태도 등의 커뮤니케이션 전달 역량이 뛰어날 때 이루어 질 수 있다. 이책에서 다루고 있는 개별 단락의 모든 내용들은 궁극적으로 비지니스의 성공이라는 목표를 달성하기 위한 커뮤니케이션 전달 역량의 향상에 정렬되어 있다.

 미국의 인류학자 버드휘스텔Birdwhistell 은 커뮤니케이션에서 의사전달의 35% 미만이 음성적 요소에 의해 이루어지며, 65%이상이 비음성적으로 이루어진다고 비 언어적 표현의 중요성을 강조 하였다.
 미국의 심리학자 알버트메레비언Albert Mehrabian은 1970년대의 연구에서 개인간의 소통 구조는 시각적요소가 55% 청각적 요소가 38% 내용이 7% 로 이루어 진다는 '메레비언 법칙'을 발표하여 비 언어적인 의사전달의 역할을 강조 했다.
 나는 커뮤니케이션 과정에서 메레비언의 법칙을 중요하게 강의하면서 무엇을 말하느냐(내용)와 함께 어떻게 말하느냐(전달 역량)도 중요하니 전달자의 역할을 하게 될 경우에는 자신의 외적 이미지 요소 뿐만 아니라 커뮤니케이션이 일어나는 현장의 공간과 커뮤니케이션 참여자들의 동선 디자인등을 총체적으로 점검하라고 한다.

  동선 디자인에 대한 사례로 기관에 대한 서비스모니터링을 들 수 있는데, 현장에서 점검을 해보면 친절도 향상을 위해서 개선되어야 할 사항중 중요한 한 요소가 공간과 동선 디자인이었다. 나는 이것을 CS 동선이라고 표현한다. 좋은 서비스가 비지니스의 목표라고 한다면, 비지니스 커뮤니케이션의 참여자로서 직원들이 편리하게 커뮤니케이션에 참여할 수 있도록 공간과 동선 디자인이 되어 있어야 한다.
  먼저 고객을 만나는 출입문 쪽의 자리에는 반사적으로 인사를 잘하는 직원을 배치하는 것도 전체적인 분위기와 친절한 서비스제공의 하나이다.

  비즈니스커뮤니케이션은 "가치창출을 위한 비즈니스의 장에서 일어나는 모든 의사소통의 행위"이며, 그 방법 중 하나로 내가 제시하는 것이 "그 자리에 있을 만한 사람답게 입고 말하고 행동하는 것"이다.

  지금은 글로벌 디지털 플랫폼 기반에서 이루어지는 이미지커뮤니케이션의 시대이며, SNS(Social Network Service)의 보편화로 3A(Anytime. Anywhere, Anyone) 커뮤니케이션이 행해지고 있다. 비 대면 커뮤니케이션의 증가는 전통적 커뮤니케이션에서 강조되는 커뮤니케이션 역량 요소의 변화를 가속화 하고 있지만, 변하지 않은 본질은 "전달자의 정성스러운 준비와 상대방에 대한 진심어린 배려"라는 사실을 간과하면 안된다.

　SNS로 소통하는 경우에는 글, 문자가 비즈니스에 중요한 역할을 하므로 비대면 보고의 증가에 따라 기본적인 맞춤법 숙지는 기본이며 읽는 사람에 따라서 해석이 달라질 수 있는 것이 '문자'이므로 논리적으로 기술하는 능력을 키워야 하고 비즈니스 메신저 대화는 용건과 관련 정보를 명확하게 결론 내야한다는 것도 기억하자.

경청은 어텐션이다

> "경청은 귀로만 하는 것이 아니다.
> 눈으로도 하고, 입으로도 하고, 손으로도 하는 것이다.
> 상대의 말에 귀 기울이고 있음을 계속 표현하라.
> 몸짓과 눈빛으로 반응을 보이라.
> '귀 기울여 들으면(以聽), 사람의 마음을 얻을 수 있다(得心)'"
> — 조신영 —

영국 속담은 "지혜는 들음으로서 생기고 후회는 말함으로서 생긴다"고 말한다. 우리는 "침묵은 금이요 웅변은 은이다"라고 말한다. 듣는 것이 말 하는 것보다 훨씬 어렵고 중요하다는 것이다. 경청은 온몸으로 듣고 온 몸으로 긍정을 함으로써, 말을 하는 상대방이 말하는 기쁨과 행복을 느끼도록 해준다. 얼마나 훌륭한 비지니스 커뮤니케이션 스킬인가. 누군가 자신의 말을 전심으로 들어주는 것만으로 얼마나 행복해지는 지, 삶의 여러 장면에서 우리는 체험한다. 경청을 잘하는 방법은 적극적으로 듣겠다는 자세를 취하고, 눈과 귀를 상대방에게 활짝 열고, 부지런히 뇌의 시각신경과 청각신경을 가동시켜, 상대방이 전달하고자 하는 메시지를 인식하면 반사적으로 눈으로 찬양하고 몸짓으로 반응 하고 입으로 맞장구를 치는 것이다.

경청의 3박자인 눈 맞춤, 고개 끄덕임, 맞장구를 갖추게 되면 스피치를 하기도 전에 이미 스피치의 달인이라는 평가를 받게 되고, 상대방의 마음을 열고 모든 이야기를 쏟아내게 하는 열쇠를 얻게 된다.

삼성에버랜드 서비스교육 과정에는 '경청 1-2-3 법칙' 이 있다. 3분 정도의 대화에서는 1분정도 말하고 2분정도 상대의 말을 들어주며, 3번 이상의 맞장구를 치는 것이다.

내가 강조하는 미라클 경청은 단순하게 적게 말하고 상대에게 많은 말을 하게 만드는 것이 아니라 비즈니스에서는 상대방을 존중하는 매너로 대화의 주도권을 이끌어 나가는 것이다. 상대방의 말에서 '이 사람이 이 이야기를 하며 원하는 것은 무엇일까?' 를 생각하며 진심으로 이해하는 자세로 들어야 기적을 부르는 커뮤니케이션이 된다는 뜻을 담고 있다.

"나는 당신의 마음을 충분히 공감합니다". 라는 느낌이 말하는 사람에게 전달 되도록 듣는 것이 미라클 경청이다.

말하는 사람의 표정을 읽어 마음을 이해하여 공감할 수 있도록 상대방의 눈동자 안에 내 모습이 담겨 있는지를 확인하듯 상체를 말하는 사람 쪽으로 숙여 주는 것이 포인트다.

나의 스피치 스승인 윤치영 화술 박사는 상대가 기뻐하면 같이 기뻐하고 상대가 슬퍼하면 같이 슬퍼하고 상대가 괴로워하면 같이 마음

아파하면 누구라도 신기를 불러오게 될 것이라고 말씀해주셨다.

그렇게 잘 듣다보면 자연적으로 맞장구라는 것을 치게 될 것인데 그 경지 까지 이르렀다면 이제는 상대방이 말하는 마지막 단어를 반사하듯이 되풀이하여 말해주자, 당신이 상대방의 이야기를 제대로 잘 듣고 있음을 자연적으로 전하게 되어 맞장구만으로도 상대방을 감동시킬 수 있을 것이다.

방송인 이숙영씨는 자신의 저서 〈맛있는대화〉에서 '맞장구도 인격' 이라고 하였다. 기왕에 하는 맞장구라면 진심을 담아서 해주어야 하며 과장이나 또는 건성으로 마지못해 하지 말고 듣는 사람이 더욱 기쁘게 행복하게 해주는 것이 대화가 이어질수록 기쁨 두배 행복 두배가 된다고 강조하였다.

그렇다. 이왕에 하는 맞장구라면 진심을 담아서 해주고, 지금 상황이 정성스럽게 들어주지 못할 상황이라면 상대방에게 양해를 구해보지만, 상대방이 지금 당장 당신의 귀 기울임이 필요하다고 하면 하던 일을 멈추고 눈 맞춤을 하면서 들어주자. 경청은 기도와 같은 기적을 만들어 낸다.

회의도 경청이다.

　TV 뉴스에서 흔히 보는 국가 기관 회의장면에서는 높은 사람은 열심히 말을 하고, 다른 참석자들은 열심히 받아 적는다. 말하는 한 분과 받아적는 사람들만 있다.
　MZ 세대가 주축인 사기업에서는 말하는 사람의 이야기를 잘 듣고 있다가 활발하게 자기의 의견을 제시한다. 모두가 경청하는 사람들이다.

　직급에 의한 서열이 중요한 조직문화에서 쉽게 바뀌지 않겠지만 비대면 화상회의가 일상화 된 시대에서 회의에 임하는 태도도 바뀌어야 한다. 회의에서도 경청하는 자세로 회의를 주재하는 사람의 얼굴을 바로 보고 눈을 마주치면서 듣고, 필요한 경우에만 요점을 메모한다. 대부분의 회의 내용은 정리되어 공람이 되므로 굳이 내 노트에 꼭 적어둬야 할 것도 없다.

고객응대서비스

> 마음을 열자, 능력 있게 보이려고
> 기를 쓰지 않아도 사람들이 그를 존중해 주었다.
> 사는 게 그런 것이었다. 상대방의 마음을 읽고,
> 내 마음을 전하는 것. 그리고 그렇게 소통해
> 가면서 하루하루를 즐기는 것. 그런 자질한
> 일상이 모여 인생을 만들어가는 것이었다.
> "사람은 능력이 아니라 남에게 베푼
> 배려로 자신을 지키는 거야."
>
> — 한상복의 《배려》 중에서 —

복을 불러오는 친절

"우리집 마당을 밟고 들어오는 사람은 우리집에 복을 주러 오는 사람이다."

집에 손님이 오시는 것을 좋아하셨던 할머니께서 늘상 하셨던 말씀이다.

철쭉 꽃이 피는 계절이면, 지리산 바래봉 자락 우리 집에는 전국 각지에서 방문하는 인연으로 맺어진 친척들로 붐볐다. 살다가 할머니의 딸이 되고 아들이 되고, 아버지의 동생이 되고 조카가 되신 분들이 지인들과 함께 와서 점심을 드시고, 집에서 담은 된장, 고추장, 김치 보따리를 들고 가셨다. 오시는 손님들 뒤치닥 거리를 어쩌다 맡아 투덜거리며 설걷이를 하면, "우리집 마당을 밟고 들어오는 사람은 우리집에 복주러 오는 사람인데, 투덜거리면 복달아 난다" 시며 나무라셨다.

덕분에 주역에 나오는 "적선지가 필유여경積善之家 必有餘慶" 글귀 대로 세상이 돌아간다는 것을 깨닫고 산다.

칭찬은 고래도 춤추게 하고, 말 한마디에 천 냥 빚도 갚는다.

칭찬은 상대의 에너지를 높이는 효과적인 수단이고 상대를 존중하며 타인을 대하는 인정 화법중의 하나이다.

매슬로우는 인간의 욕구를 5단계로 나누어 설명하였다.

첫째 단계는 먹고 자고 숨 쉬고 입는 등의 생리적 욕구이며.

두 번째 단계는 신체적 경제적 감정적 위험으로부터 보호받고자 하는 안정의 욕구이고. 세 번째 단계는 어느 한 집단에 소속되고 싶어 하는 소속과 애정의 욕구이며, 네 번째는 우리의 주변으로부터 인정받고 존경받고자 하는 존경의 욕구, 다섯 번째는 인간욕구의 최고수준의 욕구로 자아실현의 욕구이다.

내가 고객응대분야에서 가장 중요하게 인식해야한다고 생각하는 욕구는 인정 받고 존경받고자 하는 인간의 네 번째 욕구이다.

그에게 라벨을 붙여주자

나는 "이쁜이모"라고 부르며 반겨주던 큰조카에게 가지가지 선물을 사주면서 이쁜짓을 했고, "큰고모는 내 맘속 1등"이라며 이래서 고맙다, 저래서 고맙다는 말을 달고 사는 조카딸들에게는 한 없이 정이 간다.

칭찬은 상대에 대한 최고의 존경의 표현이다. 아이처럼 순수한 마음으로 진심어린 칭찬을 할 때 상대방의 마음을 열어주는 마법이 나타난다. 백화점 직원들로 부터 듣는 "고객님은 인상이 참 좋으세요"라는 말에도 기분이 좋아지는게 사람이다.

일본의 심리학자 나이토 요시히토는 "말투만 바꿨을 뿐인데" 라는 책에서 라벨효과에 대하여 잘 설명해주고 있다. 라벨효과는 우리가 어떤 제품의 이름에 대해서는 묻지도 따지지도 않고 신뢰하는 것처럼 인간관계에서도 상대방에게 긍정적 라벨을 붙여주면 서로에게 친절하여 행복한 관계를 형성한다는 것이다.

라벨의 효과는 지속적인 칭찬과 같다.

내가 아는 대학교수이셨던 한분은 상대를 부를 때, 성씨나 이름을 부르는 대신에 "무슨 무슨 왕족의 후손"이라며 격조 높은 라벨을 붙여 불러서 상대를 기분 좋게 해주었다. 그렇게 라벨은 구체적이고 논리적이어서 붙여주는 사람이나 듣는 사람이나 자연스럽게 수긍을 하도록 해야 효과가 있다.

제가 도와 드릴께요

친절은 지식이라기 보다는 상대를 배려하는 몸에 밴 행동이다. 버스안에서 뒷사람을 배려하는 좌석 세우기나, 출입문에서 뒤따르는 사람을 위해 문을 잡아 주는 거나, 엘리베이터에서 열림 버튼을 눌러 주는 것이 다 그렇다. 친절은 전염성을 가지고 있어, 누군가에게 이런 친절을 경험 한 사람은 또 다른 사람에게 같은 친절을 베풀게 된다. 이러한 친절한 행동들이 모여 그 사회의 문화를 만든다.

자칫 친절한 행동이 부자연스럽거나 어색한 상황이 될 수도 있는 경우에는 '제가 도와드릴께요'라는 말로 친절이 오해되지 않도록 한다.

일본에서 고객을 위한 친절교육과 안정적 삶의 터전을 가진 직원들을 위한 복리후생정책으로 친절신화를 만든 MK 택시 유봉식 회장과 유태식 부회장의 일화는 한동안 우리나라 기업의 많은 CEO들의 벤치마킹 대상이었다. 일본을 직접 방문하여 그분들의 고객만족 경영의 현장을 확인하기도 하고, 기관과 지자체 관공서등에서는 유태식 부회장을 초청하여 고객만족 서비스 특강을 듣기도 했다.

나는 한 대안학교에서 유태식 부회장의 강의를 듣고 친절에 대한 철학을 직접 들은 적이 있다. 친절교육 강사라고 소개를 하니, "친절은 돈입니다. 친절교육을 제대로 잘해서 우리 국민 모두가 세계에서 제대로 대접받는 친절한 사람들이 될수 있도록 하십시오" 라고 격려를 해 주셨다. 유명인사의 강의와 격려는 이후 나의 친절교육에 대한 책임과 열정에 기름을 부어 주었고, 몇 년 후 매경 주최 서비스마케팅교육의 강사로 고객만족 서비스 이미지메이킹 강의를 유태식 부회장과 함께 하는 기쁨을 갖게 되었다.

친절하자!

시장에 마케팅이 본격적으로 도입되고, 기업들의 경쟁이 치열해지기 시작하면서 친절하지 않으면 살아 남을 수 없는 기업풍토가 조성이 되더니, 공직사회까지도 친절의 바람이 불어와 모두들 고운미소와 언어 그리고 행동들에 신경을 쓰고 있다.

친절한 기업은 소비자에게 인정받았고, 친절한 공직조직은 시민들의 선택을 받았다. 친절은 양방향성 이다. 상대방을 기쁘게 해주고, 그 결과는 다시 나에게 돌아온다.

친절을 베푸는 사람의 마음이 제대로 전달되려면 친절한 표정과 그 표정에 어울리는 언어가 있어야 한다. 언어는 지나치는 사람에게서 날리는 향기와 같이 와 닿는다. 그래서 향수를 뿌리듯 친절한 언어를 몸에 달고 다녀야 한다.

친절한 언어의 씨앗을 가정에서, 일터에서 가까운 주변에 뿌린다는 마음으로 몸에 지니고 다니자.

오래전 무주 안성 자연학습원에서 열린 농협 특강에서 "강사님은 어떤 사람으로 기억되고 싶으세요?" 라는 질문을 받고 이렇게 대답했다.

"음...저는 세상에서 가장 친절한 강사로 기억되고 싶습니다."

공감화법

> 우리는 언제나
> 어느 곳에서나 기적을 일으킬 수 있습니다.
> 직장인은 직장에서, 주부는 가정에서, 학생은 학교에서
> 얼마든지 아름다운 기적을 일으킬 수 있습니다.
> 최선을 다하는 아름다운 모습,
> 사람을 사랑하는 귀한 마음,
> 기쁨, 감사, 용서, 지혜, 인내, 만족, 용기, 희망,......
> 아름다운 단어를 가슴에 품으십시오.
> 아름다운 기적이 일어날 것입니다.
> - 정용철의 《아름다움을 향한 그리움》 중에서 -

공감은 친절이다.

공직자들에게 과제로 프레젠테이션 잘하기가 주어지던 시절에 "효과적인 프레젠테이션을 위한 화법교육연구"로 석사학위를 받고, 공감이 공직사회의 화두이던 정부시절에 "공감화법과 개인성격의 상관성 연구"로 박사학위를 받았더니 매 정부마다 기업과 관공서에서 진행된 교육들에 운 좋게 무척 많은 강의 초빙을 받았었다.

공감화법이란 서로의 생각과 감정을 이해해주고 공유하는 의사소

통 방식을 말한다. 매장에서 고객이 불만을 토로하면, 왜 그런지 따지지 않고 일단 "고객님 많이 불편 하셨겠어요~~"라고 하는 것이다.

공감은 경청과 존중을 보여주는 적극적 태도로서 상대방이 마음을 열고, 다음 내용을 받아들일 준비를 하게 해 주어 서비스응대 분야에서 활용되는 화법이다.

공감은 상대방과 감정 이입을 통해 동질감을 형성하는 심리과정인데, 개인별 성격에 따라 공감의 강도가 다르다는 것을 웃음치료 자격과정에서 경험한적이 있다. 강사는 박수를 치면서 15초간 소리내어 웃는 박장대소를 따라하라 하는데, 도대체 입도 열리지 않고 손바닥에서 제대로 소리도 나지 않고 얼굴만 붉어지는 것 같았다. 옆사람들은 그렇지 않는데 말이다.

이것을 계기로 공감화법은 개인성격과 상관관계가 있고, 공감화법의 교육여부는 개인의 성격에 영향을 미칠것이다 라는 가설을 바탕으로, 듣기, 배려적 말하기, 적극적 듣기, 감정공유 및 공감적 반응등 네 가지 요소별로 공감화법의 달성정도를 연구 하였다.

첫째, 집중하여 듣기는, 말하는 사람에게 주의를 집중하고 상대방의 이야기를 듣는 것을 즐기며, 상대방의 이야기를 끝까지 듣고 이해하려고 노력하고, 이야기를 할 때 상대방의 표정과 동작 등 비언어적 표현도 주의 깊게 듣는지를,

둘째, 배려적 말하기는, 상대방의 상황과 입장을 고려해서 이야기하며, 상대방을 존중하여 예절바르게 말하고 상대방에 대한 비판과 분석보다는 상대방을 지지하고 위로하는 말을 하는지를,

셋째, 적극적 듣기에서는, 상대방의 대화에 맞장구 치기를 잘하는지, 상대방이 이야기 하기 좋도록 적절한 질문을 하는지, 상대방의 말에 적극적으로 응대하는지, 상대방의 의견을 다 들은 후 내 의견을 말하는지, 상대방의 이야기를 들을 때 그 내용이 무엇인지를 화자에게 재 확인하는지를,

넷째, 감정공유 및 공감적 반응에서는, 자신의 감정을 이해하고 잘 표현할 수있는지, 상대방의 행동을 잘 관찰하여 감정을 잘 파악하는지, 상대방의 말에 공감하는 몸짓 눈짓 등을 하는지, 상대방이 이해와 존중을 느끼도록 요약하여 말하는지를 포함시켰다.

성격의 유형으로는 개방성, 신경증성, 외향성, 성실성, 친화성 다섯 가지로 정하고

개방성은 새로운것에 호기심을 갖고 매료되는 정도를 말하며, 개방성이 매우 높은 사람은 창의적이고 호기심이 많으며 미학적인 감각을 가지고 있고, 개방성이 낮은 사람은 보수적이고 기존의 익숙한 환경속에서 편안함을 느끼길 좋아하고,

신경증성은 심리적인 고통, 비현실적인 생각과 과도한 욕망이나 충동, 부적응적인 대처 반응을 평가하는 것으로, 신경증성이 높은 사람은 걱정이 많고 과민하며 인내심이 없고 쉽게 좌절하며, 신경증성이 낮은 사람은 침착하고 자제력과 인내심이 크고

외향성은 어떤 사람이 사회적 관계속에서 편안함을 느끼는 정도를 말하는데, 외향적인 사람은 여러 사람이 모이는 것을 좋아하고 활달하게 행동하며, 남과 잘 어울리는 반면에, 내향적인 사람은 수줍어 하고

소극적이며 조용하고

성실성은 신뢰성을 측정하는 것으로, 성실성이 높은 사람은 책임감이 있고, 잘 조직화 되어 있어서 의존할만 하고 일관성이 있으며, 성실성이 낮은 사람은 쉽게 마음이 분산되고 조직화 되어 있지 않아서 신뢰하기 어렵고

친화성은 타인을 존중하는 개인 성향을 가리키는데 ,친화성이 높은 사람은 협조적이고 온화하며 신뢰할 만하고, 친화성이 낮은 사람은 차갑고 의견일치가 어려우며 적대적이라는 조작적 정의를 내렸다.

집중하여 듣기, 배려적 말하기, 적극적 듣기 및 대화참여, 감정공유 및 공감적 반응하기의 공감화법을 교육하고 분석하여,

집중하여 듣기는 개방성, 외향성, 성실성, 친화성과 상관이 있고,

배려적 말하기는 ,개방성, 외향성, 성실성과 상관이 있으며,

적극적 듣기 및 대화참여에는 개방성, 외향성, 성실성, 친화성이 상관있고, 감정 공유 및 공감적 반응하기에는 개방성, 외향성, 성실성 친화성이 상관있다는 결과를 얻어냈다.

공감화법이 개인성격에 미치는 영향으로서, 개방성은 감정공유 및 공감적 반응하기에, 신경증성에는 배려적 말하기가 신경증성 요소를 감소시키는 영향을 준다는 것을, 외향성은 감정공유 및 공감적 반응하기에, 성실성은 배려적 말하기와 감정공유 및 공감적 반응하기에, 친화성은 공감화법 4요소 모두가 영향을 미친다는 결과를 얻었다.

개방성, 외향성, 성실성, 친화성은 화법교육 경험자가 무경험자에 비해 공감화법 요소에 의해 더 많은 영향을 받는 것으로 분석되었고

특히, 화법교육을 받은 사람과 받지 않은 사람에 있어서는 화법교육을 받은 사람이 개인 성격에 더 영향을 주는 것으로 분석되었다. (김미림.2011. 공감화법과 개인성격의 상관성연구에서 발췌)

따라서, 고객을 응대하는 비즈니스커뮤니케이션에서는 고객의 성격 성향을 파악하는 것이 필요하며, 아무리 좋은 교육이나 성장을 도와준다고 확신하는 스킬이라 할지라도 개인의 성격 및 성향에 맞추어 접근하는 배려를 갖추는 것이 중요하다고 할 수 있다.

공감화법이라는 커다란 범주 안에서 실제 활용되는 화법들이 있는데, 단순하게 '맞아 맞아', '그래그래' 같은 습관적 맞장구를 넘어서서 진심으로 상대방의 마음에 공감한 후에 '그랬구나~'하는 맞장구를 치는 맞장구 화법,

상대방의 몸짓이나 표정 등에 반응하는 비언어적 기법으로 상대방의 얼굴표정, 호흡, 눈맞춤 등의 신체 및 동작을 거울처럼 따라하는 Mirroring 기법,

상대방의 음성과 어조 특히 말의 속도등을 내가 맞추어 주면서 상대방의 논리 감정 태도등을 존중해주는 Pacing기법이 그것들이다. (조필호 2019 MBA-Tango코칭대화법.참조)

서비스교육을 받아본 사람에게는 익숙한 쿠션화법도 있다. 의자에 그냥 앉으면 불편하지만 허리나 등뒤에 놓여진 쿠션 하나가 몸을 편안하게 해주는 것처럼, 전달하고자 하는 문장에 쿠션처럼 감정을 완화시켜 줄수 있는 "잠시만~", "죄송합니다만~", "불편하시겠지만," "안타

깝게도~" 등의 단어를 넣어 전달하는 화법이다.

　실제로 교육 현장에서 한 교육생에게 "선생님 자리에서 일어나 주시겠습니까?" 라고 질문을 했을 경우, 지목받은 교육생은 "나를 왜 일어나라고 하지?" 하는 얼떨떨한 표정으로 일어서는게 대부분이었지만 다시 앉게 한 후에 아주 정중하게 "선생님 죄송하지만 자리에서 일어나 주시겠습니까?" 라고 하면 열이면 열 거의 모두가 자리에서 일어나며 "네!"라고 대답을 하였다. 이렇게 흔쾌하게 "네!!!" 라는 응답을 얻어내는 기법이 쿠션화법이다.

　유사한 화법으로 레이어드화법이 있는데, 자칫 지시처럼 들리는 문장을 의뢰나 질문형식으로 바꾸어 말하는 기법으로 "저희 매장에서는 흡연구역이 저쪽에 마련되어있는데 그쪽으로 안내해드려도 되겠습니까?" 처럼 친절하고 교양 있게 보여지는 화법중의 하나이다.

　일상생활에서 흔히 "이거 해주면 안되요?" 라고 물어오는 경우가 있는데, '안되요?' 라는 부정사 표현이 심리적으로 부정적 반응을 유도하게 하므로, 대신에 "~~~좀 해주실래요?" 바꾸어 말하게 한다. 긍정적 어휘와 표현이 긍정적 응답을 이끌어 낸다는 긍정화법이다.

　나의 사례를 보면, 업무 전화를 받을때 표준 문장은 "고맙습니다. 김미림입니다." "어떻게 도와드릴까요?" "언제든지 제 도움이 필요하시면 편하게 말씀해주세요" 이다. 이 문장은 한정된 예산으로 과정을 운영하며 강사 초빙을 하고 있는 교육담당자들이, "강사님 도와주세요~" 라는 부탁을 쉽게 하게 해주고, 도움을 받았다고 생각하는 분들의 입소문이 퍼져 덕을 많이 보았다.

지역의 백화점 판매담당 친절교육에서 고객응대 인사법으로, "입어봐 주셔서 감사합니다"라는 끝인사로 고객을 배웅하게 했고, 실제로 그렇게 인사를 받은 고객들이 한바퀴 빙 돌다 다시 돌아와서 입어보았던 옷을 다시 입어보고 구입을 하여 성과를 올렸다고 했다.

오래전에 인터넷에서 읽은 사례이다.
커피를 좋아하는 글쓴이가 어느 타도시에서 아침 식사를 하러 식당엘 들어가기 전에 커피부터 사들고 들어섰는데 그 식당의 직원이 "손님 저희 매장에는 외부음료를 가지고 들어갈 수가 없습니다" 라며 막아섰다고 한다. 글쓴이는 커피를 지금 막 뽑아와서 버릴수도 없고 손님도 없으니 이번만 한번 봐 줄수 없겠느냐고 사정을 했지만 그 직원은 완고하게 규정이라 어쩔 수 없다는 말만 되풀이 했다고 한다. 하여 그는 커피는 버릴 수 없고 굳이 그 식당이 아니여도 밥먹을 곳은 또 있어 그냥 나와버렸고 서울에서 식당을 하고 있는 친구에게 그날 겪은 이야기를 전하면서 "너라면 어떻게 하겠니?" 라고 질문을 하니 그직원은 원칙적으로 잘못을 하진 않았지만 말을 잘못했다고 생각한다며 자기라면 "손님! 저희 매장은 외부음료를 가지고 들어갈수가 없으니 음료를 제게 주시고 자리에서 기다리시면 저희 매장의 컵에 옮겨서 가져다 드리겠습니다 괜찮으시겠습니까?" 라고 말했을거라고 대답을 했다는 이야기다. 이보다 더 좋을수는 없다.
상대방의 입장에서 생각해보고 그의 마음에 공감하는 언어를 사용하는 것, 친절은 공감이다.

종교에서는 공감과 친절을 이렇게 이야기 하고 있다.

성경은

"네가 대접받고 싶은 대로 남을 대하라"(마태복음 7장 1절~12절).

불경은

잡보장경에서 권력, 지식, 재물을 가진 것이 없어도 베풀수 있다는 무재칠시無財七施를 설한다.

알고 만나자

知彼知己 百戰不殆
상대를 알고 나를 알면 백 번 싸워도 위태롭지 않다.
-손자병법-

커뮤니케이션 이론을 우리의 현실에 대입하여 활용할 때는 언제 어디에서 누구에게 하는 것인지를 고려해야 하는데, 이 중에서도 누구에게 하는 것인지가 커뮤니케이션의 결과를 결정짓는 미묘한 변수가 된다. 커뮤니케이션에 동원되는 언어적/비언어적 커뮤니케이션의 유형은 참여자 개인의 개별적인 성격이나 행동 유형으로 표출되므로, MBTI, TA, DISC 등의 도구들에 의한 성격 유형에 대해 알아보고, 자신과 상대방의 성격/행동유형과 대응 커뮤니케이션에 대하여 이해하는 능력을 길러야 한다.

성격유형 검사의 결과는 절대적인 것이 아니고, 할 때마다의 상황에 따라 다르게 나타나는 가변적임을 주목한다. 성격은 주위환경이나 다른 사람들에 대해 생각하고 느끼고 행동하는 일련의 반응양식으로, 개인의 행동패턴을 설명하고 묘사하는데 사용할 수 있는 대표적 특성이다.

어떤 사람은 말이 없는가 하면 어떤 사람은 말이 많고 요란하다. 어떤 사람은 밖으로 나가 사람 만나는 걸 좋아하지만 어떤 사람은 집안에서 조용히 책을 읽은 걸 좋아한다. 어떤 사람은 정리정돈이 잘된 깔끔한 환경을 좋아하지만 어떤 사람은 싫어하기도 한다.

우리는 이와 같은 사람들의 '경향성'이나 '자질'을 토대로 성격 특성을 범주화 하고 있다. 그래서 개인의 성격은 '사람을 분류하기 위해 사용하는 심리적 특성의 집합'이라고 말할 수 있다. 성격은 가치관이나 신념, 태도와 마찬가지로 개인의 행동을 설명하고 예측하는데 활용된다.[(Peter G. North house. 김남현 옮김(2015)리더십이론과 실제 경문사 pp446~447)

DISC

개인적으로 DISC 가 MBTI 나 TA보다 진단방법과 이해도가 훨씬 간단해서 선호하며, 많은 수강생들도 결과의 명확함에 공감했다.

DISC는 1928년 미국 컬럼비아 대학의 심리학 교수인 윌리엄 몰튼 마스턴(William Moulton Marston) 박사에 의해 개발된 행동 유형 모델로 '인간이 환경을 어떻게 인식하고 또한 그 환경속에서 자기 개인의 힘을 어떻게 인식하느냐' 에 따라 구분한 행동유형이다.

인간은 태어나서 성장하여 현재에 이르기까지 자기 나름대로의 독특한 동기요인에 의해 선택적으로 일정한 방식으로 행동을 취하게 된다. 그것은 하나의 경향성을 이루게 되어 자신이 일하고 있거나 생활하고 있는 환경에서 아주 편안한 상태로 자연스럽게 행동으로 나타난다. 우리는 그것을 행동 패턴(Behavior Pattern) 또는 행동 스타일(Behavior Style) 이라고 한다. DISC에 대하여는 ㈜한국 교육컨설팅 연구소의 DISC CS 강사 과정 교육자료에서 좀더 자세한 내용를 옮겨 기술한다.

DISC 행동모델에서는 한 인간의 행동을 4가지 행동경향의 복합으로 이루어졌다고 보고 그 4가지 행동경향을 주도형(Dominance), 사교형(Influence), 안정형(Steadiness), 신중형(Conscientiousness)로 구분했다.

일반인은 아래의 4가지 DISC 행동경향을 모두 가지고 있다. 그러나 어느 한 가지 또는 두 가지 행동경향을 더 많이 선호하여 자주 사용한다. 4가지 행동경향의 조합이 어떻게 되어 있느냐에 따라서 그 사람의 고유한 개성이 나타난다. DISC 행동특징은 다음과 같다.

주도형(D형):

평소 자신감이 넘친다. 평소 무엇을 하겠다 거나 해달라고 요구가 많다. 고집이 세고 자기 주관이 뚜렷하여 독자적인 행동을 잘한다. 남의 충고를 받아들이지 않는 경향이 있다. 모험심이 강하여 새로운 시도나 활동을 하기를 좋아한다. 한 장소에 가만히 오래 앉아 있으라고 하면 갑갑해한다. 강요당하면 참지 못하여 움직인다.

무엇인가 하거나 움직여 에너지를 발산해야 동기부여가 된다. 소집단의 모임에서 리더가 되어 다른 사람들을 자기방식대로 통제하기를 바란다. 용기가 있어서 위험 부담되는 일에서도 정면 대응하는 경향이 있다. 윗사람의 지시나 행동교정을 위한 꾸중에 말대꾸를 하거나 거칠게 반항한다.

사교형 (I 형)

　I형 사람은 사람과의 사귐을 중요시하기 때문에 쉽게 친구를 사귄다. 상대방의 감정을 잘 파악하는 직관력이 뛰어나기에 상대방의 기분을 잘 맞추어 줄 줄 안다. 윗사람에게 상냥하고 붙임성 있게 대한다. 평소에 이야기하기를 즐겨 집에서나 업무 중에도 시끄럽고 소란스럽다는 평가를 듣는다. 매사를 낙천적으로 생각한다.
　웃음이 많고 유머감각이 있는 분위기 메이커다. 희로애락 감정표현을 잘하고 생동감이 있어 때로는 조용하거나 예의를 지켜야할 장소나 시간에도 튀는 행동을 하기도 하여 버릇이 없다는 말을 듣는다. 실패나 사태의 심각성 등에 대해서 심각하게 느끼지 않기도 하다.

안정형 (S형)

　일반적으로 조용하며 성실한 사람이라는 평을 듣는다. 주변인들과 사귐에는 문제는 없어 타인과 다투었다는 이야기를 안 듣는다. 시키거나 주어진 일을 성실하고 꾸준하게 잘한다. 다른 친구들과 협력해서 과제를 완수하고 팀원으로 자기의 몫을 다한다. 남들 앞에 나서서 이끌기보다는 뒤에서 소리내지 않고 도와주는 일을 잘하는 봉사정신이 강한 사람이다.
　다른 사람과의 관계에서 소수의 사람들과 깊이 사귄다. 남을 배려하고 상대방의 입장을 이해하는 편이고 양보심이 있다. 자기주장이 강하지 못하고 변화나 위험부담이 되는 일은 회피하는 경향이 있다. 자기 말을 하기보다는 남의 이야기를 더 많이 들어준다. 인내심이 있고 참을성이 있게 꾸준히 한가지 일을 성취하는 편이다.

신중형 (C형)

자기 절제가 가장 잘되는 사람이다. 업무진행을 처음부터 올바르게 하기를 좋아한다. 자신에 대한 기준이 높고 타인에 대한 기준도 높게 기대를 하기 때문에 기준에 맞지 않을 때는 불편하게 생각하거나 비판적이 된다. 업무수행은 완벽하고 깔끔하게 하기 때문에 실수가 적다. 다른 사람들은 윗사람이 검토를 안하고 그냥 넘어갔으면 하는 바람이 있는데 비해 "진행 않해요?"라고 오히려 윗사람에게 지적해주어 주변인들로부터 눈총을 받기도 한다.

매사에 주의가 깊고 조심스럽게 행동하며 예의가 바르다. 논리적이고 분석적인 면이 강하다. 신중하여 장·단점을 잘 따지고 위험 부담되는 일을 회피하는 경향이 있다. 조용하고 혼자서 독립적인 공간에서 개인적으로 활동하기를 즐긴다. 높은 직관력이 있고 올바른 행동과 사고를 하려는 경향이 있고 은근히 자기고집이 있다.

4가지 DISC 행동유형별 특징이 표1에 요약되어 있다. 각 행동유형의 특징을 잘 이해하면 직원에게 동기부여 요인이 무엇이며 동기저하 요인이 무엇인지를 알 수 있다. 각 행동경향이 있는 직원의 선호하는 것과 싫어하는 것을 상사가 이해하면 그 직원들 장점을 잘 개발시켜 줄 수 있다. 장점을 상황에 맞지 않게 너무 필요 이상으로 사용하면 제한점이나 단점이 될 수 있다.

〈표1. DISC행동유형특성요약〉

주도형 (D)	사교형 (i)
동기 : 빠른 결과성취, 도전기회	동기 : 남들에게 인정받음, 재미있음
특징 : 자신감, 결단력, 근면, 변화지향, 경쟁심	특징 : 즉각적 반응, 낙천적, 말많음 설득력, 마무리 약함
선호하는 것 : 도전, 행동, 책임맡음	선호하는 것 : 사람 사귐, 다양한 활동, 즐거움
싫어하는 것 : 결정 못함, 게으름, 느림, 약하게 보임	싫어하는 것 : 무시당함, 외톨이 됨, 단순 반복적인 일
신중형 (C)	안정형 (S)
동기 : 정확성, 우수함	동기 : 안정성, 인정받음
특징 : 논리적, 분석적, 질문 많음, 비판적, 원칙중시	특징 : 여유 있음, 현상유지, 인내심, 예측가능성, 협조적
선호하는 것 : 일관성, 세밀함, 완벽함, 개인작업, 계획성	선호하는 것 : 평화, 안정, 호의적 환경, 진지한 감사
싫어하는 것 : 비판받음, 실수, 간섭, 급한 변화	싫어하는 것 : 갑작스런 변화, 서두름, 갈등, 위험부담 시 결정

DISC유형별 의사소통 방법

D와 의사소통 하는 방법
* 직접적인 대답을 준다. 간략히 말하고, 핵심만 이야기한다.
* HOW 가 아닌, WHAT 에 관심을 두고 이야기한다.
* 상대방이 원하는 결과에 관심을 가져준다.
* 결과를 성취하고 문제를 해결하고, 책임을 질 부분에 대해서 이야기한다.
* 사실과 아이디어에 관심을 집중한다.
* 최종 결과나 목표에 대해서 이야기한다.

D가 두려워 하는것
* 통제권을 상실하거나 지루해하는 것을 두려워한다.
* 개인주의가 위협 받거나 도전할 기회를 허용받지 않는다면 호전적으로 된다.
* 자기기준에 맞지 않으면 자기중심적으로 되고 비판적으로 변한다.

I와 의사소통 하는 방법
* 호의적이고 우호적인 환경을 만들어라.
* 자긴의 생각, 느낌에 대해 이야기할 기회를 제공한다.
* 자극적이고, 사교적인 활동을 위한 시간을 제공한다.
* 세부사항을 대충 말하지 말고 글로 써서 제공한다.
* 참여적인 관계를 제공한다.

* 보상을 제공한다.

I가 두려워 하는것
* 사교적인 관계에 배척 당하거나 자기가치를 상실할까 두려워 한다.
* 말이 없고, 과묵하고, 반응이 없는 사람과는 불편해 한다.

S와 의사소통 하는 방법
* 진실되고 개인적이고 호의적인 환경을 만들어라.
* 개인적으로 진실된 관심을 가져라.
* HOW 질문에 대해 명확하게 변을 해준다.
* 목표를 끌어내는데 인내심을 가져라.
* 위협적이지 않은 방식으로 현 방식에서 벗어난 접근 방식이나 아이디어를 제공한다.
* 명확하게 목표, 역할, 절차, 전체계획에서 위치를 규정한다.
* 사후지원을 해준다.
* 어떻게 상대방의 행동이 위험을 최소화하고 현재일을 향상시키는지 강조한다.

S가 두려워 하는것
* 의견의 불일치나 갈등을 두려워한다.
* 공격적인 상호작용을 피하거나 거절한다.

C와 의사소통 하는 방법

* 대화하기전에 충분히 준비할 시간을 준다.
* 아이디어에 대한 찬성한 반대의견을 직접 제공한다.
* 정확한 데이터를 각조 아이디어를 지지한다.
* 갑작스럽게 합의된 내용을 바꾸지 않는다는 확신을 제공한다.
* 이 일이 전체와 어떻게 연계가 되어 있는지 정확하게 설명한다.
* 체계적이고 포괄적인 방법으로 내용을 제시한다.
* 만약 동의하지 않는다면 구체적으로 말한다.
* 참을성있게 지속적으로 설득하는 식으로 이야기한다.

C가 두려워 하는것

* 업무에 애해 비판 받는 것을 두려워한다.
* 조직적이지 않은 추론을 싫어한다.
* 부주의 하거나 게으른 것을 싫어한다.
* 이슈를 개인화하는 노력을 싫어한다.

(출처 (주) 한국 교육컨설탱연구소 DISC CS강사과정 교육자료)

전화매너

> 나는 '클라이언트 CLIENT'는 항상 대문자로 표시한다.
> 우리를 먹여 살리는 사람에 대한 존경의 표시다.
> 맥킨지에서는 클라이언트의 첫 글자 C를 대문자로
> 처리하지 않는 사람을 중죄로 다스린다.
> 내가 그곳에서 깨달은 교훈이다.
> —톰 피터스—

목소리에도 표정이 있다.

비즈니스 커뮤니케이션에서 빼놓을 수 없는 중요한 또 하나가 전화 예절이다.

웅변학원에 근무하던 시절이다. 원감님께서는 전화기만 들면 자동으로 목소리가 한 옥타브가 올라가며 "네~학원이에요~"라고 하시는게 신기해서, 원감님처럼 입꼬리를 가득히 올리고 "네엥~학원이에요옹"라고 장난스럽게 흉내 내고는 했는데, 어느날 아무도 없는 사무실에서 전화를 받고 원감님 톤으로 "네~~학원이에요~~" 하고 했더니, 전화기 너머에서 "원감님?" 하는 것이다. 이후로 원감님께서는 학부모 상담전화를 내게 받도록 한 기억이 난다.

관공서에 근무하던 시절에도 웃는 목소리로 했던 "감사합니다 총무부 김미림입니다"라는 인사는 전화 받는 모범사례가 되었다.

전화는 목소리 만으로 상대에게 감정과 정보를 전달해야 하기 때문에, 목소리의 톤과 속도, 강약이 대면 커뮤니케이션의 얼굴표정과 제스쳐를 대신한다. 말을 통한 정보의 내용이 목소리에 의해 살기도 하고 죽기도 하는 것이다. 차안과 같은 혼자 있는 공간에서 일주일 만 열심히 웃는 표정으로 톤을 높여 연습을 하게 되면, 기분 좋게 전화응대를 하는 자신을 만나게 된다.

전화응대의 기본 서비스매뉴얼에는 첫인사와 끝인사가 있다.
114 안내의 첫인사가 "사랑합니다" 였던 시절의 이야기다.
안내원이 어쩌다 첫 인사를 놓치기라도 하면 "왜 오늘은 사랑한다는 말을 안하요?" 라며, 유쾌한 시비를 걸던 일도 있고, "사랑합니다"라는 말이 듣고 싶어서 시도 때도 없이 114에 전화를 걸던 사람들도 많았단다. 이후로 첫인사는 "부자되세요" "건강하세요" 등으로 죽 진화하며 유행어를 만들었다.

지금은 관공서도 "친절히 모시겠습니다", "즐거운 하루 되세요"등의 첫인사와 끝인사를 매뉴얼화 시키고 친절도 평가에 전화응대 모니터링을 포함시킨다.
실제 평가 사례에서는 고객에게 좀 더 다가가는 인사말 개발의 필요성이 많이 대두되었고, "전화를 친절하게 받지 못하는 사람은 현장

민원에게도 친절하지 못할 것" 이라는 친절 담당 직원의 평가도 공감 되었다.

표정, 눈빛, 미소, 제스처 등을 보여줄 수 없는 전화통화에서 고객의 기억에 남는 것은 무엇일까? 놀랍게도 전화의 내용을 기억하는 고객은 18%에 지나지 않고, 82%가 전화기 너머의 목소리, 말투, 억양 등을 통한 상대방의 느낌이라는 연구 결과가 있다.

전화통화는 몸짓, 눈빛, 표정으로 전달 되는 감정 대신에 음성의 톤, 강약, 속도로 표현되는 감정이 전달되기 때문에, 어떤 경우에는 전혀 의도하지 않는 불쾌감을 주어, "이사람은 왜이리 불친절해?" "이 회사는 왜 이래?" 라는 평가를 받게 될 수도 있다 .

평소에 전화예절을 잘 숙지 하여서 전화기 너머의 중요한 고객이 의도치 않게 돌아서는 것을 예방하고, 회사의 충성 고객으로 남을 수 있도록 음성은 밝고 명랑하며 신뢰감이 가도록 훈련하고, 말의 속도는 내용과 상황에 적절하게, 발음은 정확하게 또박또박, 입꼬리를 올리며 첫인사를 하는 훈련을 반복한다.

전화를 거는 경우에는 상대방의 전화를 받을 수 있는 상황인지를 가늠해보고 전화를 하거나, 문자를 통해 통화 가능한 시간을 확인하여, 상대방의 시간을 단절시키지 않도록 한다.

업무상 전화는 9시경에서 6시 전까지 일과 중에 하며, 점심시간은 피한다. 통화 전에 메모지를 먼저 준비하고, 용건별로 순서를 정해서

통화를 하고, 5~6회의 신호음이 가도 받지 않을 경우에는 전화를 끊고 문자메시지를 남긴다.

  통화시에는 소속과 이름등 신분을 밝히고 용건을 말하고, 끊기 전에 통화하면서 이야기 한 자신과 상대방의 용건을 확인하고 피드백을 받는 습관을 만든다.

  끊을 때는 대화 내용과 어울리는 끝인사를 찾아 한다.

  목소리에도 표정이 있다.

Tip

전화응대의 3대 원칙

1. 친절(Kindness)
2. 신속(Speed)
3. 정확(Correct)

SKILL

나의 전화 응대 점수는?

1. 벨이 울리면 3번이상 울리기 전에 받는다
2. 상냥한 음성으로 전화를 받는다
3. 자신의 소속과 이름을 밝히며 용건을 묻는다
4. 메모를 하면서 받는다
5. 모든 질문에 신속하고 정확한 답변을 한다
6. 존칭을 사용하며 적극성을 가지고 안내한다
7. 전화를 연결할 경우 송화구를 막거나 컬러링을 활용한다
8. 용건이 끝났을때는 더 필요한 것이 없는지 물어본다
9. 상황에 맞는 인사말과 함께 종료 인사를 한다
10. 상대방이 전화를 끊은 것을 확인후 수화기를 내려놓는다

[8개~10개]고객만족 점수는 80점이상 100점이하
[6~7개]고객만족 점수는 60점 이상80점 이하
[0개~5개]고객만족 점수는 60점 이하

나를 성장시킨 러브레터들

"다 잘되고 있습니다"

"모든 것은 다 잘되고 있습니다."
"당신의 풍요로움과 가능성은 매일 커지고 있습니다."
"오늘도 멋진 일들이 샤워처럼 당신에게 쏟아져 내립니다."
다짐은 길을 열어 주는 출발점입니다.
잠재의식 속에서 다짐을 계속하면, 어떤 상황에서도
다짐한 대로 실현할 수 있을 것입니다.

— 모치즈키 도시타카의 《당신의 소중한 꿈을 이루는 보물지도》중에서

변화 - 최*용

안녕하세요.

저는 전북대학교에 다니고 있는 최*용이라고 합니다.

정답이 전화기인 선생님 질문에 당당하게 김구선생님을 외쳤던 학생이예요^^

선생님 강의를 듣기 전에는 살짝 부정적인 학생이였습니다. 친구들이나 동생들이 강의 같은거 들으러 가자고 하면 " 다 똑같은 이야기다 , 그냥 내가 하고싶은거 할래" 이렇게 말했었는데

2013.09.03 기적을 부르는 미라클 프리젠테이션의 강의를 들으면서 제 자신이 참 부끄러웠습니다.

비슷한 또래 친구들 같은데 앞에서 사회하는것도 보고 또 원활한 강의가 진행 될수 있도록 도와주는 친구들을 보면서 마치 우물안 개구리 같은 기분이었습니다.

하지만 선생님의 강의를 들으면서 이번 학기에 딱 3가지만 지키기로 제 자신과 약속했어요^^

1. 모든 수업시간 및 어떠한 곳에 가서도 앞쪽에 앉기
2. 제가 할께요 / 저요 하는 적극성 보이기
3. 눈 마주치면 웃으면서 인사하기

하루는 외국인하고 운동하면서 눈 마주쳐서 인사도 했어요 ^^

선생님 감사합니다. 제가 변화할수 있는 말씀을해주셔서 감사드립니다.^^

앞으로도 저와 같은 많은 학생들에게 변화할수 있는 좋은 강의 해주세요!!!

항상 몸 건강하시고 김미림 선생님 파이팅!!!!

그럼 선생님 다음에 또 뵐께요^^ (인사 : 꾸벅^^)

김미림과 함께 성장하기 - 설*희

김미림 원장에 관한 기억은 10여 년 전 직원교육으로 거슬러 올라간다. 시작부터 이전에 받던 강의들과 다르다는 느낌에 나도 모르게 자세를 고쳐 앉았었다.

그 중에서도 지금까지 떠오르는 내용은 바로 옆 사람 칭찬하기에 관한 것이다. 강의 도중 우리들에게 옆 사람 칭찬을 해보라며 1분이라는 시간을 주었을 때 나는 1분이라는 시간이 그토록 길다는 것에 놀랐으며 꽤 오랫동안 알고 지내온 동료에 대해 두어마디 칭찬하고 난 뒤 더 이상의 칭찬거리가 찾지 못하는 내 모습에 당황했었다.

당시에는 내가 주변 사람을 칭찬하는 일에 인색하다는 점은 생각하지 않고 단지 옆 사람에 대해 잘 몰라서 그런 것이라고 어물쩍 넘겼지만 지금 생각해도 참으로 상대에게 미안한 마음이 들고 대인관계에서의 나의 태도를 인식하게 한 첫 경험 이었다.

'1분 동안 칭찬하기'로 내 머릿속에 남아 있던 김미림이라는 이름을 다시 마주치게 된 것은 길거리에 걸린 "김미림미라클스피치연구원"이라는 현수막 이었다. 교차로 사거리에서 신호대기중인 내 눈에 김미림과 스피치 이 두 단어가 확 꽂히며 그 곳을 다니고 싶다는 생각이 들었다. 그러나 김미림미라클스피치 연구원은 직장에서도 집에서도 멀었고 평소 내가 자주 다니는 곳도 아니어서 방문조차 쉽지 않았다. 그저 가끔 그 현수막을 지나치며 아쉬워 할 뿐이었다.

여러 사람 앞에서 말을 해야 하는 일이 많지는 않았으나 20여년 가까운 직장생활을 하며 낯을 가리거나 많은 사람 앞에 서면 자신있게 말하지 못하는 성격을 극복하고 싶다는 생각을 줄 곧 하고 있어서 스피치 스킬을 꼭 배우고 싶었다. 하지만 하고 싶다고 모두 할 수 있는 것도 배우고 싶다고 모두 배우는 것도 아니기에, 또 스피치 기술이 직장에서의 내 일에 크게 영향을 준다고 생각하지도 않았으므로 현수막 속의 김미림은 점점 나의 뇌리에서 사라져 갔다.

하지만 사람의 인연이란 정말 알 수 없는 일인가 보다.

여전히 남 앞에 서는 것을 두려워하고 발표할 일이 생기면 뒤로 숨어서 다른 사람에게 미루며 살던 내가 또 다시 그 이름을 떠올리게 되었다. 직장인 우석대학교에서 학생들에게 꿈과 희망을 일깨워 줄 강의를 맡아줄 강사를 찾아보자고 논의하던 중 "김미림" 이라는 이름이 입에서 튀어 나오게 된 것이다.

그렇게 김미림 원장과의 인연은 다시 시작되었다.

우리 학교 출신의 강사라는 사전 지식을 가지고 업무를 위한 첫 대면 후 이삼년의 기간 동안 나는 그녀와 그녀가 진행하는 강의 등을 옆에서 지켜보았다. 많은 학생들이 강의를 들은 후 밝은 표정으로 강의실을 나오고 있었으며 설문 조사에서도 큰 도움이 되었다는 평이 많았다. 게다가 사소한 서류 하나까지 일에 관한 것이라면 끝까지 완벽하게 마무리하려는 그녀의 모습에서 신뢰가 쌓여갔다.

그리고 어느 날 나도 모르게 고민을 털어 놓았다.

"남 앞에 서서 말을 잘 못하겠다. 여직원회 특강시간 에서 자기소개 시간을 30초도 못 채웠고 그 동영상을 지금도 떨려서 못보고 있다. 콤플렉스를 극복할 방법이 있겠느냐?"마침 그 즈음 김미림미라클스피치 연구원에서는 강의에 나서는 사람들을 위한 과정이 개설을 준비 중이어서 그 강좌에 등록을 하고 5주간의 토요일 오후 과정에 참여하게 되었다.

첫 만남 첫 시간 마다 끊임없이 되풀이 되는 자기소개 시간.

두근두근 대는 심장 소리가 앞에 앉아있는 이에게 들릴 것 같은데 피하고 싶은 순간은 여지없이 다가온다. 강사가 되기 위해 모인 선생님들은 모두 처음 대하는 얼굴들이었고 드디어 내 차례가 되었다. 이런 자리에서 자기소개를 1분 이상 자신 있게 할 수 있다면 이 과정에 참석한 보람이 있겠다는 말을 하면서 부끄럽고 떨리는 마음을 진정하기 어려웠다. 덜덜거리며 1분을 보낸 후 본격적인 강의가 진행

되는 동안에도 손바닥에서 땀이 나는 것 같았다.

　나중에 알고 보니 그 강좌에 참석한 이들은 다들 비슷했다. 우리는 서로의 용기를 북돋아 주며 각자의 콤플렉스를 극복하고 더 나은 방향을 찾기 위해 노력했고 매주 조금씩 발전된 모습을 보였다.

　5주가 지나고 과정 마지막 날은 각자가 정한 주제에 따라 10분의 강의 진행과 그에 대한 피드백이 예정되어 있어 이 시간은 나에게 또 다른 도전이었다. 강의를 녹화해 다시 봐야하는 일도 김미림 원장에게 피드백을 받아야 한다는 점도 무척 부담스러웠다. 바쁘다는 핑계로 강의 준비를 차일피일 미루고 있던 나에게 김미림 원장이

　"제 피드백을 따로 받으시려면 다음엔 비싼 비용을 내셔야 해요. 알아서 하세요."

　내 용기를 시험하는 것인지 아니면 벌써 내 성격을 다 파악 했던 것인지 그녀는 부드럽지만 단호하게 말을 맺었다. 다시는 내겐 이런 기회가 오지 않을 지도 모르겠구나 싶은 마음에 나도 모르게 강의를 하겠다며 나서고 말았다.

　준비가 덜 된 상태였음에도 무턱대고 강의를 시작했다. 두서도 없이 심하게 떨어가면서 정해진 시간을 마친 후 하도 창피해서 피드백이 뭐고 도망치고 싶었지만 한 편으로는 나도 해낼 수 있구나 하는 뿌듯한 마음이 들었다.

　피드백을 받는 동안 김미림원장은 내가 모르는 나의 장점을 찾아내 격려해주었고 내가 마음 편히 진행할 만한 강의 추천까지 해 주었다.

　어떻게 다른 사람들의 장점을 저렇게 잘 찾아낼 수 있지? 남의 장점을 제대로 알고 칭찬해주는 것이 얼마나 어려운지는 다들 경험해 봐서 알 것 이다. 평소 가족은 물론이고 타인의 단점만 찾는 것 같은 내 모습을 생각하니 강의나 스피치 보다 김미림 원장의 칭찬 능력이 부러울 뿐 이었다.

　그렇게 김미림미라클스피치에서 5주를 마치고 우리는 서로에겐 멋지지만 약간

은 어설픈 새내기 강사가 된 셈이었다. 함께 강의를 받았던 맑은소리 28기 선생님들에게 김미림 원장님은 강의 경험도 늘릴겸 곧 재능기부 봉사활동 강의를 할 수 있게 해주셨다

아직 자신이 없던 나는 또 다시 일상으로 돌아와 이제 1분을 지나 5분 정도 자기소개를 해도 떨지 않을 정도가 되었으며 강사과정을 시작할 때 세웠던 목표는 이루어 낸 셈 이었으나 무엇인지 허전했다. 그때 김미림원장께서 여성쉼터에서 재능기부 강의를 한번해보라는 소식을 듣고 나는 다시 한 번 용기를 냈다.

강의를 잘 할 수 없을 진 몰라도 내가 그들을 위해 진심으로 이야기한다면 전달되리라는 믿음 같은 것이 5주 동안의 과정에서 마음속에 자라기 시작한 것 이었다. 강의를 준비하며 청중에게 나의 뜻을 제대로 전달하기는 수월치 않다는 것과 1시간 강의에 그토록 많은 시간이 걸리는 것에 깜짝 놀랐다. 휴대폰을 세워 두고 동영상 찍어가며 강의 내용을 수정하기도 하고 강의 자료를 찾기 위해 동분서주 했지만 모든 게 다 부족한 듯 했다. 드디어 강의를 하는 날, 강의 장소에 2시간이나 먼저 도착해 시작 전까지 연습에 연습을 거듭했다. 준비와 연습을 열심히 한 덕분인지 강의는 무사히 마쳤고 간단한 다과가 열렸다. 그런데 강의를 들었던 한 분이 곁으로 오시더니 강의가 재미있었는데 말투에 힘이 약해 자신이 없어 보인다는 조언을 해주는가 하면 또 어떤 분은 강의가 너무 일찍 끝나 아쉽다며 작은 선물까지 손에 쥐어 주어 나도 모르게 눈시울이 뜨거웠다.

나의 진심과 노력이 이 분들께 통했구나! 불과 몇 개월 전만해도 자기소개 1분도 채우지 못하던 내가 1시간 동안 강의를 해내다니 정말 인간에게 도전과 배움은 늘 필요한 것이라는 김미림 원장의 말이 다시금 떠올랐다.

김미림 원장은 그저 남 앞에서 당당히 자기소개만 할 수 있었으면 싶었던 나를 강사로 설 수 있게 해주었다. 나 뿐 아니라 함께 공부했던 동기들도 다들 훌쩍 성장한 모습이었다. 그리고 나는 자신있게 말하기나 스피치스킬 같은 것들과는 또

다른 나의 가능성을 깨닫게 되었다. 그동안 장학금이나 후원금 정도로 사회에 봉사를 다 하고 있다고 여겼지만 이 번 기회를 통해 강의를 통한 재능봉사라는 새로운 꿈을 꾸게 된 것이다. 요즘 나는 강의에 부족한 점들을 고치기 위해 "미라클 스피치 & 프리젠테이션 skill-up" 과정에 다시 등록했다.

자기소개 시간은 어김없이 돌아올 것이며 나는 또 누군가의 앞에 나서야하고 아이들 돌볼 시간을 쪼개 쓰며 교육비를 지불하기 위해 살림을 절약해야 할 것이다. 쉽지 않은 나날을 견뎌내야 하겠지만 이 과정 끝에 또 다시 나의 새로운 모습과 가능성이 열릴 것을 믿으며 이런 나를 돕는 김미림원장과 더불어 기쁘게 성장하는 나의 미래를 기대한다.

인연 – 김*정

오랜생활을 마치고 새롭게 시작되는 내삶의 3막을 어떻게 시작해야 할지 고민이다

마흔둘이란 나이에 또 다른 인생을 꿈꾸며 도전하는것은 두렵지 않으나 밑그림을 어떻게 그려나가야 할지 답을 구하는 시간으로 난 평생교육원에서 공부를 시작하였다

중학교에 들어가는 내 아이들과 그 동안 사람을 상담하는 직업을 가졌으나 가끔 내 의사와는 다르게 전달되는 상황을 겪으면서 상대방의 마음을 읽고 자신의 생각을 정확하게 전달하는 방법을 익히고자 상담사 공부를 시작하였다 그러나 커뮤니케이션의 방법보다 앞에서 교육하는 리더의 모습을 꿈꾸게 되었다

상담사 교육과정이 끝날즘 스피치강사과정을 소개받게 되었던날, 신랑에게 전화로 해외여행보다 더 가슴설레는 일이라며 흥분된 목소리로 소식을 전했다

다른 사람 앞에서 어떤 자세로 어떤 억양으로 말해야 되는지 정식교육을 받은 적이 없었기에 동료들 앞에서 시연하는날은 설레임과 떨림으로 섰으며 동영상 피드백 시간은 더욱 실감나는 교육이었다.

전 직장에서 20여명 되는 내가족같은 이들에게 전달하는 교육시간, 200여명 앞에서 경험담을 얘기했던 워크샵 ---그보다도 큰 희망을가지며---

교육이 끝나는 시점에 나의소망은 내아이들 학교에서 1000여명의강사로 서있는 엄마의 모습을 보여주고 싶다는 마음이 들었다

전업을 결심하며 마음에 간직한 테마는 교육, 복지, 청소년이다

시골에서 성장하며 품었던 꿈, 환경, 주변인들의 역할이 어떤영향을 주는지 알기에 예쁜아이들에게 자신감과 환한, 맑은 미소를 갖게해주고 싶다는 것이 나의 소망이다

첫번째 초등부 스피치교육을 마치고 학교정문을 나오는 그순간
'그래, 나또한 잘~할 수 있어' 라며 다짐을 하였다

김미림선생님께서 "아이들과 놀아주고 온다는 편안한 마음으로 하세요"라는 격려가 나의자신감을 up시켜주었다는 생각이 들었다
　다음, 중학교 대학교조교 강의를 마치며 들었던 또 하나의 생각----
'친구들에게 교육을 하는것이 아니라 내 공부시간이구나'
　ppt를 준비하는 과정에서 몇번이고 원고 작성을 다시하고 내용숙지를 위한 시간은 자신의 수련임을 느꼈다

　삼성쉼터 공간에서 가졌던 만남은 배움이며, 겸손이며, 미소였다
　마침 가정폭력상담원 교육을 받는 나에게는 연계되는 학습활동이었으나 세번째 방문에 만난 한 아주머니가 밥상을 이룰수 없었다며 토로하는데
　어떤 말도 할 수 없어 손을 꼭 잡았던 순간이 있었다
　김미림선생님의 당당함과 개척정신, 끈기 이런 모습속에 내마음 결정적으로 움직였던것은 초심을 잃지 않으려는 노력과 복지 마인드다
　목소리 성량과 발음 전달력이 좋다는 평가를 해주신 선생님의 격려가 스피치강사로서 꿈을 계속가질수 있어서 감사하고 몇개월의 과정에서 간절히 원하니 길이 보였고 기회가 왔다.
　'김미림 스피치'는 내삶의 또 다른 터전이다

꿈 - 천*주

안녕하세요, 김미림 선생님^^ 저는 며칠 전 1월 25일 전남대학교 취업에이스 프로그램에서 특강 강의를 들었던 신문방송학과 4학년 천*주입니다. ^^

두 시간동안 진행 된 이미지메이킹 강의를 들으면서 취업과 관련한 태도를 배우는 것도 좋았지만 가장 좋았던 것은 앞으로 인생을 살면서 제 자신에게도 도움 될 알짜배기들을 많이 얻을 수 있었다는 점에 많은 감명을 받았습니다.

실제로 저는 현재 금융권 입사를 준비하고 있지만, 최종적인 목표는 행원으로써가 아니라 인사부에 입사해서 신입사원들을 교육하고 대학 내 리쿠르팅 강의를 나가는 등의 일을 꼭 해야겠다는 생각을 항상 해 왔습니다.

이러한 이유로 대학교 1학년 때부터 줄곧 학원에서 학습 강의를 하는 등 다른 사람들에게 내가 알고 있는 것을 알려주며, 타인을 좀 더 성장시킬 수 있는 일을 하는 것에 대한 보람을 느껴왔습니다. 하지만 이번에 선생님의 강의를 들으면서 이미지 메이킹과 스피치 관련한 공부에 심층적인 집중을 해서 교육강사가 되고 싶다는 생각이 들었고, 이러한 일이 평소 굉장히 활발하고 다른 사람들 앞에 서면 좀 더 자신감이 생기는 저의 적성과도 일맥상통 할 수 있을 것이라는 생각을 했습니다.

특히 이번에 선생님의 강의를 들으면서 이러한 생각이 조금 더 확고해졌기에 인력개발 강사가 되기 위해서는 어떤 방법과 절차가 있는 지 궁금해서 많이 바쁘시겠지만 이렇게 메일을 보내게 되었습니다. ^^

정말로 제가 하고 싶은 일을 하는 것이 좋은지, 그간 제가 준비 해 온 취업이 길이 좋은지는 아직까지 많이 고민스럽지만 선생님께 조금이라도 조언을 얻고 싶네요. ^^

긴 글 읽어주셔서 감사합니다. ^^ 좋은 하루 되세요.~~

자신감 - 전*민

김미림 선생님께

선생님 안녕하세요. 곧 가을이지만;; 날씨는 덥네요. 음 어쨌든 이제 거의 못 뵐 것 같은데 건강하시고요. 이렇게 스피치 교육이 빨리 끝날것 같지는 않았는데..음 세월이란 빠른건가요. 사실 처음 받아본 스피치 교육이었어요. 굉장히 딱딱할 것 같고 가면 말하고 발표하는것만 2시간동안 계속 시키나 생각도 했어요.. 그런데 굉장히 편안했던것 같아요.. 같이 교육받는 누나 형 그리고 동생을 보며 각각 무언가를 배울 수도 있었고요. 무엇보다 좋았던건.. 역시 '스피치(말하는 것)'라는 것 하나만 배운게 아니다는 거였습니다.... 선생님께서 스피치를 잘 하시고 그러셔서 아 선생님은 뭔가가 우리랑 다를 것이다 라는 생각이 있었지만.. 선생님께서 아드님(?) 이야기도 하시고 옛날에 겪으신 일들도 이야기해주셔서 음.. 이렇게 표현하는 게 실례인지는 모르겠는데 정말로 인간미(美)와 정(情)을 느낄수 있었습니다....

이번에 이렇게 스피치 교육받게 된 것 굉장히 영광으로 생각하고요.. 사실 엄마가 자신감을 가지고 당당하게 말하라 라고 자주 하셔서 그렇게 해야 한다는 건 알고 있었지만 어떻게 연습할 기회도 없었고 정식으로 배우지도 않아서.. 음 아마 그게 이번 교육받은 계기가 되겠네요;;;;;

겨울때 또 한번 더 하게 될것 같아요. 그런데 선생님 말씀처럼 선생님께서 다른 곳으로 가시거나 그럴수도 있으니까;; 그냥 걱정도되고요 하하;; 아 어쨌든.. 꿈의 목록도 좋았고요. 저 앞으로 꿈의 목록 작성 다시해서 간직하고 있으려고요 .. 그럼 다시 뵙게 될때까지 건강하시고 행복하세요

안녕히계세요

- 전*민 올림

존경 - 김*리

안녕하세요~전북대학교 식품영양학과 김*리 라고 합니다!

다름이 아니라 어제 너무도 좋은 강의를 해주셔서 너무도 감사드려 이렇게 메일을 보냅니다.

삶에 있어서 누굴 만나느냐고 정말로 중요하고 누굴만나 어떤 시간을 보내고 그 사람을 통해서 어떠한 영향력을 받는냐는 정말 중요한 것 같아요!!

어제 선생님께께 들은 이미지 메이킹 수업은 정말 저에게 짧은 시간이였지만 많은 도움을 주셨고 제 삶의 부분에 있어서 변화를 가져야 하겠다는 굳은 의지까지 불태워 주신 것 같습니다.

좋은 만남을 통해 많은 것을 배우고 나에대해 잘 발견하게 해주시고 확실한 이미지 메이킹법에 대해서 가르쳐주신 김미림 선생님!! 미국에 오프라 윈프리가 있다면 한국에는 김미림 선생님이 있는 것 같아요

짧은 시간이지만 존경이라는 말을 만들어주신 선생님 정말 감사합니다^^

긍정마인드 - 김*성

안녕하세요 김*성입니다.

1학기 수업 많은 것을 보고 배우고 얻었습니다.

다른 지혜함양 교수님들과는 차별화된 강의 였습니다. 학생들에게 참여와 관심을 이끌어 내셨습니다. 이제 곧 졸업을 하는데, 졸업하기 전에 교수님 수업을 들을 수 있어서 영광입니다.

교수님 수업들으면서 제가 변화된것이 있습니다..^^;;;;

오늘이 무슨 날인지 아세요??? "긍정적인 마인드 갖기 60일째 입니다."

60일 이라는 기간 동안 화를 내지 않고 항상 할 수 있다는 자신감을 갖고 긍정적인 마인드를 가졌습니다.

교수님 수업을 통해.. 긍정 마인드를 갖는 계기가 되었습니다.

마지막 수업시간에 3주만 꾸준히 하면 습관이 된다 하셨죠?? 긍정적인 사고을 몸에 익혀두어 항상 밝고 웃으면 남에게 즐겁고 편안한 사람이 되도록 노력할꺼여요.

향후 10년 뒤에 남에게 봉사하시라는 말씀도 마음속에 지니고 살겠습니다.

새로운 세상을 보여주신 은혜 잊지 않겠습니다..

감사합니다.

롤모델 - 김*님

교수님을 만나 참 행복했지요

교수님 전 상대편과 대화가 서툴러서 대인 관계를 잘하려고 강의실에 들어섰을 때 이삼 사십대 젊은 친구들이 많이 있었고 처음 교수님을 뵈었을때 무덤덤했고 자신감이 없었어요.

교육을 받으면서 처음에는 어렵고 힘들었지만 하루 이틀이 지나면서 교수님의 강의를 듣고 조금씩 자신 감을 얻어가고 있었습니다.

같은 여자로써 교수님은 보면 볼수록 매력있고 배울점이 참 많았고

앞에서 강의하시는 교수님을 보고있노라면 상큼함이 아침 햇살과 같이 느껴졌어요.

제가 강의에 참여하면서 가장 큰 보람은 친구 같은 언니를 만난다는 것을 영광으로 생각하고 고맙게 생각 합니다.

앞으로도 기회가 주어진다면 교수님의 배움을 자주 접하게되면 자신감도 얻고 인생을 젊게 즐길수 있을것 같습니다.

교수님 지난 10일 동안 같이한 시간 정말 행복 했습니다.

오늘도 즐거운 하루 건강하시고 웃으면서 행복하게 하루를 멋있게 시작하세요 감사합니다.

- 김*님 올림

변화 - 양*나

안녕하세요. 열심히 일하시는 선생님

어제 방학끝나고 오늘 학교 가는날 늦잠을 잘뻔 했는데 갑자기 선생님 생각이 나서 이불속에서 벗어날수가 있었습니다. 그래도 대형지각을 하지않고 7시45분에 학교에 왔습니다.

보충끝나고 지각 하지않아서 담님 선생님께서 고맙다고 말씀해 주셨어요 저는 생각해도 이해가 되지 않았습니다. 왜 고맙다는 건지에대해????? 말이예요

아 그리고 한자 선생님께서 학생부장인분이 항상 지각하지 말라고 말씀하시는 분이에요 . 한자 선생님이 이런말을 저에게 하셨어요 바꾼다고 말하고 않바꾸면 문제라고요 들었을때 무었인가 뜨끔걸렸어요 ㅋㅋ

오늘은 열심히 살았던것 같아서 피곤하네요 ㅋㅋㅋㅋ 선생님 전그때 아침에 왜 선생님 생각이 난는지 신기하기도 하면서 정말 다행이다라고 생각 했어요

선생님은 정말 좋아하는 이유는 웃는 모습이 예쁘신것 같아서 입니다. 그리고 일하시는데 수고하셨어요 ㅋ

인연 - 정*영

'벌써 몇년의 시간이 후드득 지나고 있나보다.

두 번째 직장 생활을 하며 남 앞에 설 때 좀 더 당당하고 세련됐음하는 마음에 이 곳 저 곳의 전단지를 보고 있던 중 "스피치& 이미지 메이킹" 그 옆 강사란에 김 미림 이렇게 적혀 있었다.

순간 내가 알고 있는 그 사람 아닐까

하는 생각에 기대 반 설레임 반으로 첫 강이 시작됐다.

아니나 다를까 내가 알고 있었던 언니였다.

첫 직장에서 만나 그리 친하지는 안았지만 난 언니에게 호감이 갔고

언니 늘 싹싹함과 상냥함으로 날 대해 줬다.

그로부터 몇 년이 지났을까

몇 년 만에 재회한 언니는 세련된 외모에서부터 전문가의 향기가 물~씬.

그런 만큼 첫 강 또한 너무 멋졌다.

말이란게 하는 사람의 스킬과 훈련됨에 따라 전폭적으로 달라 질 수 있다는 것이..

또한 세련된 제스처, 상황에 맞는 얼굴 표정등 이 그 사람의 격을 높여 줄 수 있다는 것들이...

말이 생각이고 생각이 사람이다. 란 글이 생각나는 순간이었다.

'한 번 제대로 깨닫는 것'

사람에게 있어 진정한 변화는

인지의 영역으로 백 번 각오하고

다짐하는 것보다 한 번 제대로 깨닫고

실천하는 것이란 걸...

그 간 막막했던 내 삶의 멘토가 내 눈 앞에 있었기에
그 날 이후 나는 내가 원하는 변화의 방향으로 서서히 변화해왔다.
누굴 만나는가의 작은 점 하나로 어떤 사람은 180도
정반대 방향으로 바뀌고, 어떤 사람은 0.1미리
작은 전환이 이루어져 새로운 길을 가게 된다 한다.
누가 누굴 만나서 '한 번 제대로 변화하는 것'
진정한 변화의 시작이었고 김 미림은 진정 행운 같은 나의 참 멘토이다.

김미림 미라클 스피치 연구원의 비젼 리더 스쿨 과정에서 나는 10년후를 미리 만나는 미래의 일기에서 나만의 연구소를 가진 상상의 일기를 쓰고 발표했었다, 그리고 나는 현재 전주에서 작은 티 하우스를 운영하며 녹차, 홍차를 비롯한 테이블 매너, 직장 예절등을 강의 하며 박사과정을 준비하고 있다.

간혹 선택한 길을 묵묵히 가다가도 잠시 힘들 때면 지금도 김 미림 대표님께 의논하며 느슨해진 나 자신을 다시 점검 해 본다.

작은 체구 그 어디에서 그런 파워 넘치는 에너지가 나올까

오늘도 그 분은 타국 만리에서 책을 집필 중인가 보다.

그 분의 삶의 녹아 있을 책이 벌써 기다려진다."

-수빈홍차 대표 정*영-

성장 - 이*주

서울의 시계는 자정을 넘기고

컴퓨터 앞에 앉아 메일을 읽으며 보내주시는 마음에 울컥해 집니다.

켠켠히 쌓이는 시간이 제법 흘러 3월이면 갓난쟁이가 학교에 가네요.

아이의 자라는 모습과 추억속에

연구소가 성장하고 제가 성장하고 추억을 만들고 기억을 공유하는 감사한 시간들입니다.

자라지 못한 마음에 제 시야 만큼 보는 어리석음도 있었고, 모른 척 품어주시는 마음도 있었고...

그렇게 시간이 단단히.. 인연이 깊어짐이 감사한 밤입니다.

그 시간 동안 내가 조금 덜 가져도 내 후배, 내 식구들이 가질 수있게 마음 내는 법을 배웠고,

따뜻하게 품어주는 말을 배웠습니다.

여전히 순간 갈등도 하지만 마음그릇 키우고 있으니 나이테 두를 수록 커지겠지요.

배운 마음 나누며 따뜻하게 살겠습니다.

늘 말씀주시는 생각과 말에 긍정을 담고 복을 담아야 긍정이 되고 복이 온다..

긍정적인 사고로 들어오는 복 잘 받으며 열심히 지내다 반가운 얼굴 뵈어요.

늘 건강하시고, 행복하셔요.

- 이*주 두손 모아 드립니다.

어버이날 받은 편지

엄마!

엄마는 다혈질에 잘 삐지고 철 덜 들고 요리 못하고 맨날 혼내고

공부하려고 할 때 하지 말라고 하고 공부 안하고 싶어 할 때 공부하라고 하고

키 작고 나이 많고 은근 흰 머리 있고 늦잠자고

아들 컴퓨터 할 때 뺏어서 자기가 하고

정리 안된거 보면 뒤집어지고 칼질 못하는 엄마!!!

하지만

항상 사랑하고, 존경스럽고, 아름답고, 빛나고, 후광이 비치고,

끼가 넘치고, 마음 넓고, 선하고, 멋지고, 누군가의 목표가 되고,

매력 넘치고, 야무지고, 아이들을 사랑하고, 자기 일에 자부심을 가지고

생각이 젊고, 이쁘고, 피부 곱고, 눈 크고, 인맥 좋고, 빽 있고, 카리스마 있고

가족, 동생들 부모님을 끔찍이 사랑하고, 아들을 존중하고.

자는 모습이 예쁜 엄마!!

엄마는 단점보다 장점이 훨씬 많은 사람이야

성격 중 장점이 67%야

그런 엄마가 난 세상에서 가장 자랑스러워

2008년 5월 8일 어버이날에 아들 올림

상병 휴가 나온 아들의 50 감사

1. 제 부모님이라 감사합니다.
2. 건강하게 낳아 주셔서 감사합니다.
3. 잘생기에 낳아주셔서 감사합니다.
4. 현명한 부모님이라 감사합니다.
5. 예술을 사랑하는 부모님이라 감사합니다
6. 군대 갈수있게 낳아주셔서 감사합니다.
7. 군 복무중 외국으로 휴가 갈수있게 해주셔서 감사합니다.
8. 어렸을 때 많이 혼내주셔서 감사합니다.
9. 아들을 사랑하는 부모님이라 감사합니다.
10. 예술을 사랑할수 있도록 해주셔서 감사합니다.

11. 부족함 없이 자라게 해주셔서 감사합니다.
12. 무슨일이든 강요시키지 않아 주셔서 감사합니다.
13. 하고 싶은 것을 할수있게 해주셔서 감사합니다.
14. 항상 존중해 주셔서 감사합니다.
15. 항상 믿어 주셔서 감사합니다.
16. 엄마가 이뻐서 감사합니다.
17. 르완다 와서 여러곳을 구경 시켜주셔서 감사합니다.
18. 맛있는 밥을 해주셔서 감사합니다.
19. 술을 많이 못 먹도록 낳아주셔서 감사합니다.
20. 어렸을 때 롯데월드 데려가 주셔서 감사합니다.

21. 어렸을 때 여러 미술 전시관을 데려가 주셔서 감사합니다.
22. 어렸을 때 여러 뮤지컬 오페라를 보여주셔서 감사합니다.
23. 초등학교때 제주도 데려가 주셔서 감사합니다.
24. 자신보다는 남, 남보다는 아들을 생각해주셔서 감사합니다.
25. 시인이셔서 감사합니다.
26. 지금 잘하진 못하지만 영어공부 시켜주셔서 감사합니다.
27. 여유를 알게 해주셔서 감사합니다
28. 영화를 많이 보여 주셔서 감사합니다.
29. 좋은 가족들을 만나게 해주셔서 감사합니다.
30. 힘들어 할 때 옆에 계셔 주셔서 감사합니다.

31. 사랑이 가득해서 감사합니다.
32. 아름다운 것들을 아름답게 볼수있게 해주셔서 감사합니다.
33. 항상 당당해서 감사합니다.
34. 좋은 사람들을 만나게 해주셔서 감사합니다.
35. 멍청하지 않게 낳아 주셔서 감사합니다.
36. 천재로 낳아 주셔서 감사합니다.
37. 큰병없이 건강하셔서 감사합니다.
38. 오래토록 제 곁에 있어 주셔서 감사합니다.
39. 작은 일에도 기뻐하고 자랑스러워 해주셔서 감사합니다.
40. 급하지 않은 성격을 주셔서 감사합니다.

41. 철없어도 철든 아들로 봐주셔서 감사합니다.
42. 미소의 아름다움을 알수있게 해주셔서 감사합니다.

43. 슬픈일에도 의연할수있게 해주셔서 감사합니다.

44. 항상 기다려 주셔서 감사합니다.

45. 실수 잘못을 하여도 사랑으로 넘어가 주셔서 감사합니다.

46. 아직 옆에 있어 주셔서 감사합니다.

47. 아들이 구박해도 안삐져 주어서 감사합니다

48. 큰 문제 없이 키워주셔서 감사합니다.

49. 남들이 못볼 경험들을 할수있게 해주셔서감사합니다.

50. 감사 할수 있게 해주셔서 사랑합니다.

EPILOGUE

당신과 만나는 모든 사람이
당신과 헤어질 때 더 나아지고
행복해질 수 있도록 하라

-마더 테레사

지금 2022년 봄.

나를 만나
꿈을 이야기하던 누군가는
대학생이 되고
취직을 하고
승진을 하고
사업가가 되고
결혼을 하였다.

나를 만나
나의 미소를 닮고 싶다고 했던 누군가는
사선녀가 되고
춘향이가 되고
미스코리아가 되고
아나운서가 되고
이미지메이킹 강사가 되었다.

나를 만나
목표를 웅변하던 누군가는
조합장이 되고
시장이 되고
도지사가 되고
대학 총장이 되고
국회의원이 되었다.

나와 함께한 교육에서 내가 알려 준 비즈니스커뮤니케이션 스킬을 잘 익혀 자신의 자리에 우뚝 서 웃고 있는 그들이 감사하다.

처음엔 김미림 이미지&스피치 연구소 로 시작했다.
나와 함께 꿈꾸던 수강생들의 꿈이 그들의 현실로 기적을 불러들인 후 이승윤 대표와 함께 "미라클인에듀"라는 이름으로 후배양성을 하다가 아프리카로 건너가서 평소 입버릇처럼 말하던 인생모델 오드리 햅번의 삶을 흉내 내고 돌아와 다시 강의를 하며 이 책을 낼 수 있는 것은 나보다 더 성실하고 정성스럽게 미라클인에듀를 잘 꾸리고 있는 이승윤 대표 덕분이기에 이 지면을 빌어 진심으로 청출어람인 그를 칭찬해주고 진심어린 감사의 마음을 전하고 싶다.

보랏빛 kim mi rim 예쁜 로고를 만들어준 나의 제자 하다에게도 고마움을 전한다.

2007년도에 〈고품격 자기관리〉 라는 이름으로 작은 책을 세상에 내놓았지만 언제나 아쉽고 또 모자람이 책을 넘길수록 나타났다.
하여 벼르고 벼르다 이제는 제대로 된 책을 써보고 싶어 시작한 일이다. 일을 시작하며 생각하매 오늘의 나를 있게 해주신 분은 내게 생명을 주시고 사랑으로 키워주신 부모님과 하늘소풍 가서서도 살아생전 늘 푸짐하게 베풀어둔 복덕으로 손녀딸을 먹여 살리고 계시는 할머니, 언제 어떤 자리에서도 공주님 대우를 해주시며 지금도 웃음주름살이 가득해지게 나를 이뻐해 주시는 내 귀한 남편님, 그리고 바쁘다는 핑계로 도시락한번 제대로 챙겨준 적 없는 엄마임에도 묵묵히 태산처럼 바라 보고 응원해 준 아들에게 고맙고 감사하다는 마음을 전하고 싶다.

　무엇보다도 이 이야기를 세상에 내놓을 수 있게 해주신 진짜 주인공들은 나의 강의를 들으며 눈물로 감동하고 가슴 떨리는 이야기들로 응원을 해주시던 학생들과 수강생 여러분들이었음을 알기에 나와 눈 마주치며 울고 웃던 그 많은 분들에게 지면을 빌어 진심어린 감사의 마음을 전한다.

　이렇게 나와 같이 미래를 이야기하거나 꿈꿔온 사람들이 잘 성장한 이유는 딱 한 가지 나와 그들이 모두 선명한 목표를 가지고 있었다는 것과 그 목표를 위해 상대를 배려하는 마음가짐을 잃지 않고 말하고 행동했다는 사실이라고 말하고 싶다.

　이것이 오늘 당신이 성공을 꿈꾸는 사람이라면 "그자리에 있을만한 사람답게 입고 말하고 행동하자" 를 세상에 내놓게 된 이유라면 이유이다.

　그동안의 교육 노하우를 풀어내린 이 책을 통해 당신이 꿈꾸는 세상을 현실 속으로 불러들여 세상 누구보다 당당하게 살아내기를 소망한다.

2022 봄　김미림

김미림

당신이 꿈꾸는 기적을 현실로 만들어주는
비즈니스커뮤니케이션 스킬

그 자리에 있을만한 사람답게
입고 말하고 행동하라

인쇄 | 2022년 2월 24일
발행 | 2022년 2월 28일

지은이 김미림
펴낸이 서정환
펴낸곳 신아출판사
주소 전북 전주시 완산구 공북1길 16(태평동 251-30)
전화 (063) 275-4000 · 0484
팩스 (063) 274-3131
이메일 sina321@hanmail.net essay321@hanmail.net
출판등록 제300-2013-133호
인쇄 · 제본 신아출판사

저작권자 ⓒ 2022, 김미림
이 책의 저작권은 저자에게 있습니다. 서면에 의한 저자의 허락없이 내용의
일부를 인용하거나 발췌하는 것을 금합니다.

저자와 협의, 인지는 생략합니다.
잘못된 책은 바꿔 드립니다.

ISBN 979-11-92245-43-0 13330

값 18,000원

Printed in KOREA